# 赵一曼

中华先烈人物故事汇

主编 张树军
副主编 王相坤
编著 徐玉凤

学习出版社

# 目 录
Contents

# 引　子

赵一曼（1905—1936），原名李坤泰，字淑宁，又名李一超，赵一曼是她在东北参加领导抗日斗争时的化名。四川省宜宾县人。1923 年加入中国社会主义青年团。1925 年担任白花场团支部书记，组织白花场妇女解放同盟会。1926 年加入中国共产党。1927 年秋，受党组织派遣到苏联莫斯科中山大学学习。1928 年冬回国，到上海、江苏等地从事党的秘密工作。1931 年九一八事变后，被党组织派到东北，参加领导抗日斗争。先是在沈阳中共奉天特委做妇女工作，后到哈尔滨满洲总工会工作，担任满洲总工会秘书、组织部部长、哈尔滨总工会代理书记等职。1934 年到珠河中心县委，任县委常委、特派员和铁道北区委书记等职。1935 年秋，任东北人民革命军第三军二团政治委员。1935年11月在战斗中负伤。养伤时被敌人发现，不幸被捕。1936年8月英勇就义。

赵一曼牺牲时，只有31岁。她短暂的一生经历了我国大革命、土地革命和抗日战争的战斗洗礼，她以无私无畏的献身精神写下了不朽的篇章，她的人生，永远绚丽璀璨，永远焕发着革命者的光彩。

# 01 爱打抱不平的端女儿

1905年10月25日，赵一曼出生在四川省宜宾县白花场白杨嘴村（今四川省宜宾市翠屏区白花镇一曼村）的一个地主家庭。这一年，是一个不寻常的年份。1月，日本和俄国两个帝国主义国家在中国的土地上开战，俄国被日本打败。在1894—1895年通过甲午战争打败中国10年之后，日本，这个国土面积并不大的国家，再次打败了比自己国土面积大得多的俄国，一跃成为世界强国，并且继续着它的对外侵略扩张之路。俄国爆发1905年革命，列宁领导的布尔什维克党主张无产阶级应积极领导当时的资产阶级民主革命，用武装起义推翻沙皇专制统治，领导工人罢工和武装起义，沙皇政府进行镇压，被迫实行立宪改革。1905 年革命沉重打击了沙皇专制制度，为十月革命做了准备。由于日俄战争在中国土地上进行，给中国造成了巨大灾难，人民群众的生命财产遭受巨大损失。清政府派五大臣出洋考察，准备实行立宪；废除延续 1300 余年的科举制度，试图极力挽救摇摇欲坠的封建王朝。广大的有识之士则为了救国图存大声疾呼，并付诸行动。这一年，青年革命者、留日学生陈天华在日本东京愤而投海殉国，以自己的生命抗议日本、唤醒国民。这一年，写下《革命军》一书，被誉为“为两千多年的封建专制制度敲响了丧钟”的邹容在清政府的狱中被折磨致死。这一年，民主革命的先行者孙中山在东京组织同盟会，提出“驱除鞑虏，恢复中华，创立民国，平均地权”十六字纲领，把推翻清朝政府、建立民国作为革命的目标。

赵一曼，出生在风雨飘摇、社会动荡的 1905 年，旧制度处于加速灭亡之中，新思想正在蓬勃发展，革命斗争正在酝酿筹划之中，这一切，都预示了这个小姑娘未来的一生，将会是不平凡的。

赵一曼出生在一个比较富有的小地主家庭，一年能收 70 石租。她的父亲李鸿绪是个有识之士，虽是地主身份，但他并不欺压百姓，还自学了中医，免费为乡里看病，深得乡村邻居信赖和敬重。他还花钱捐了一个监生，也算是个有功名的人。赵一曼的母亲蓝明福，朴素贤惠，在家操持家务，育有六女二男，赵一曼排行第七，她下边还有一个弟弟。一曼出生后，哥哥姐姐们都相继成家了，只有她和小弟弟生活在父母身边。她是最小的女儿，很受父母家人的疼爱，家里人都叫她“幺女儿”“幺妹”。

赵一曼出生后，取名李坤泰，字淑宁，乳名淑端，家人邻居都叫她端女儿。这表明父母希望她成长为一个符合旧礼教行为规范的端庄贤淑的女孩子。可她却越长越不像这个名字的含义了。她不像一般大户人家的女儿，走路慢慢悠悠，温温柔柔，她是走路一路小跑，一路带风，说话又快又响又脆，给人感觉像个假小子。她从小就吃穿不愁，任性淘气，她喜欢到田野、竹林中去玩，养成了无拘无束的性格。她喜欢听大人讲故事，最爱听的是武侠小说《儿女英雄传》中十三妹行侠仗义、除暴安良的故事，以及《说岳全传》中岳飞抗金的故事。这些故事在她幼小的心灵中埋下了反抗的种子。

她看不惯不公平的事情，爱打抱不平，爱和人讲道理，爱帮助受欺负的孩子。她聪明伶俐，口才又好，又总是站在正确道理一边，一般人还真说不过她。小时候，经常有人到赵一曼家找她家长告状：你家端女儿又在跟别人打架啦！原来，赵一曼又在为别人打抱不平了。她不管对方有多强大，只要认为对方输了理，她就理直气壮地与对方辩论、扑打，一直到对方认输，她才肯罢休。

随着年龄的增长，赵一曼开始向往外面的世界，她的父亲李鸿绪是个重视知识的人，他自恨从小没读过几年书，文化水平不高，所以很重视子女们的读书教育。由于村里没有小学堂，他就在家里开设“私塾”，请同族的饱学老先生李相臣为塾师，除了教自己的子女，还收附近乡亲的孩子们读书。当时，一个先生带着七八个学生，就像一只老母鸡带着一群小雏鸡。村里有人把这个学堂叫作“鸡婆学堂”。

8岁起，赵一曼也在这个学堂里读书。她天资很高，聪慧好学，老师教的《三字经》《百家姓》《千字文》等，她很快就背下来了。她天性活泼好动，开始上学时，跟着老师摇头晃脑地读书还挺带劲，时间一长，她就坐不住了。经常把一些小昆虫、小花朵什么的带到课堂上，趁老师不注意时摆弄着玩。被老师发现后，老师检查她书背得怎么样，这可难不倒她，几乎倒背如流。老师又让她一个字一个字地认，这可就难住了小一曼。因为她仅仅是把书背下来了，可是书里的字，却是认不清楚，也不明白是什么意思。老师因势利导，温和地劝告她，读书，仅仅靠聪明是不够的，还要勤奋、用功，才能记得牢。小一曼很受教育。她认真地在私塾读了3年，学到了不少知识。

在赵一曼的童年时代，她生活在四川偏远的小山村里，似乎平静而幸福。但是殊不知，在她童年的几年时光中，中国社会已经发生了深刻的变化。1911年，孙中山领导的辛亥革命爆发，推翻了腐败落后的清朝政府，建立了中华民国。但是革命的胜利果实很快就被北洋军阀袁世凯窃取。1916 年袁世凯病死后，中国陷入四分五裂的军阀割据和军阀混战的局面。北洋军阀分化为直、皖、奉三系。以段祺瑞为首的皖系，以日本帝国主义为靠山，掌握北京中央政权，并统治山东、河南、安徽、福建、浙江等省。以冯国璋和他的继承人曹锟、吴佩孚为首的直系，以英、美帝国主义为后台，统治直隶（1928 年改称河北）、江苏、江西、湖北等省，并同皖系争夺对北京中央政府的控制权。以张作霖为首的奉系，统治东北三省，并在日本帝国主义的扶植下，逐渐把势力扩张到关内，同直皖两系争夺北京中央政权。此外，各地还有一些不属于北洋系统的军阀，这些大大小小的军阀都把军队当作自己的私有财产，凭着手中的武力实行军事专政。各派军阀在帝国主义支持下，为巩固扩大自己的地盘、争夺对北京政府的控制权，进行着频繁的争夺以至战争，国家陷于长期的分裂和动乱。军阀割据和混战加剧了对广大人民的政治压迫和经济掠夺，人民群众生活苦不堪言。

虽然已经是民国了，但是在中国社会风俗方面，并没有十分明显的变化，尤其是在乡间，女孩子从小缠足、穿耳的陋习，就还是继续被村里百姓们沿袭着。赵一曼刚满 10 岁时，按照女子缠足的习俗，她的母亲也要给她缠起来了。母亲给她做了双尖尖的小鞋，用长长的布打算给她把脚裹缠起来。赵一曼可不愿意缠足，这样她就不能尽情地去田野中玩耍了，也不能去为人打抱不平了。可是，尽管她一百个不愿意，哭着闹着，死活不同意，尽管慈祥的母亲对这个最疼爱的小女儿一般都是有求必应，但在缠足这件事上，母亲是不妥协的。母亲也不愿意看女儿忍受断骨的疼痛，然而，如果不缠足，以后怎么嫁得出去呀！以后怎么见人呀！母亲含着眼泪，和赵一曼的嫂子一起，将打滚哭闹的小一曼按在床上，将两只小脚紧紧裹缠了起来。但倔强的小一曼，表面上不再反抗，等母亲和嫂子转身离开，她便用剪刀剪开了裹脚布，用柴刀砍烂了那双让她讨厌的尖尖的小鞋。她用这样的行动，来表示自己对旧礼教的抗议。母亲生气了，追着打她。但不管怎样，她就是坚持不缠脚，不穿耳朵。面对她的强硬反抗，母亲只好不再坚持。

就这样，赵一曼经过努力抗争，保留下了那一双后来带着她驰骋在战场上的天足大脚。

# 02 启蒙与抗争

少年时期，有一个对赵一曼的成长影响很大的人，他就是郑佑之，是赵一曼的大姐夫，也是最早在宜宾学习和宣传马克思主义的革命先驱。赵一曼在郑佑之的影响下，逐步接受了共产主义的先进思想，并且加入共青团、共产党，一步步走上了为全国人民求解放的革命道路。

郑佑之 1891 年生于四川省宜宾县，比赵一曼大 15 岁，是一个有新思想、新知识的进步青年。他见多识广，性情耿直，没有当时很多富家子弟都有的喝酒、抽大烟的坏毛病。他还非常爱护自己的妻子——赵一曼的大姐。他思想非常开明，对妻子平等相待，还教她读书识字。他追求进步，早年就接受了孙中山反清救国的政治纲领，积极投身辛亥革命。1915 年袁世凯窃国称帝时，他毅然参加护国军在宜宾与袁军激战。之后在家乡兴办教育事业，宣传孙中山革命思想和主张。五四运动前夕，他受新文化运动的影响，崇尚民主与科学。1919年，他在家乡创办新式学校，以讲台为阵地，传播新文化、新思想，宣传民主与科学救国的道理。1921年中国共产党成立前后，他接受了马克思主义真理，成为在宜宾有组织地学习和宣传马克思主义的先行者。他于1922年加入中国社会主义青年团，之后转为中国共产党党员，成为共产主义思想在四川的传播者，是中国共产党宜宾地方党组织的创始人之一。

### 链　接

中共一大：1921年7月23日，中国共产党第一次全国代表大会在上海法租界望志路106号（现兴业路76号）李汉俊之兄李书城的住宅内召开。因租界巡捕搜查，大会的最后一天转移到浙江嘉兴南湖的一艘游船上继续召开。党的一大通过了中国共产党纲领，确定党的名称为中国共产党。纲领明确提出要把工人、农民和士兵组织起来，并确定党的根本政治目的是实行社会革命。旗帜鲜明地把实现社会主义、共产主义作为自己的奋斗目标。

郑佑之成为赵一曼的大姐夫之后，经常给赵一曼讲林则徐、邓世昌、秋瑾等英雄人物的故事。赵一曼很喜欢听这些故事，尤其是女革命家秋瑾的故事，更是让她非常向往，希望自己长大以后也能成为像秋瑾那样的革命英雄。

中国共产党成立后，在四川的郑佑之积极宣传中共一大确定的各项方针政策。他看到小一曼很爱学习，为了帮助赵一曼学习文化知识和接受革命道理，他经常把中国共产党机关报《向导》周报以及《新青年》《妇女周报》等刊物带给赵一曼阅读。这些书刊，赵一曼极为喜欢，读得如痴如醉，从这些书里，她感觉找到了一个新世界，她的兴趣都转到这些书刊传播的新思想和新理念

上了。白天，她如饥似渴地阅读这些书报，夜晚，她屋里的桐油灯也常常亮至深夜。她遨游在知识和真理的海洋里，仿佛走进了一个全新的世界。她认识到，祖国的灾难深重，也认识到世界帝国主义列强加给中华民族的种种苦难。这些初步的知识启蒙，为她以后成长为一个革命者打下了坚实的思想基础。

郑佑之还把《中国共产党宣言》等党的文献托人带给或邮寄给赵一曼阅读。因不能与赵一曼经常见面，他便通过书信联系，对一曼的学习进行指导。在3年多的时间里，他们写了100余封书信，谈学习体会，谈思想认识，谈对人生的理解，谈对革命形势的看法。

赵一曼学习非常用功，进步也很大。她经常把自己写的文章寄给郑佑之批阅。郑佑之看到赵一曼取得的进步，非常激动，感到赵一曼是难得的人才。他在给赵一曼的回信中这样写道："我看见你激烈的性情，过人的聪慧和近来感受压迫的痛苦，我已决定你是一个改造社会的得力人了。所以我极想帮助你，引你到革命的路上去，今天接着你的来信，我愈觉我的料想不错。”

在郑佑之的帮助下，赵一曼的思想觉悟提高很快。就在赵一曼努力读书学习的时候，1917年，她的父亲去世了。旧社会三纲五常，女人在家从父，出嫁从夫，夫死从子。赵一曼的大哥李席儒成了当家家长。大哥满脑子的封建思想，顽固专横，冷酷无情。他不同意赵一曼继续读书，他的理由是，女孩子读那么多书，没有什么用，读的书再多，再有学问，将来也是要嫁人的，洗衣做饭带孩子。大哥还叮嘱母亲，要对赵一曼严加管教，作为一个女孩子，死活不缠足，又对女工缝纫不感兴趣，整天读书写字，往外跑，哪里像个大家闺秀的样子，照这样下去，将来会嫁不出去的。这些话，赵一曼听在耳里，感到非常屈辱。她深切地感到男孩子和女孩子是那么不一样，她本来快乐的童年不再快乐。

大哥见母亲说服不了赵一曼，就采取强硬措施，他把赵一曼束缚在屋子里，不让她出门，也不让她读书。他认为，赵一曼读的这些书是邪书，就是这些书让赵一曼不听管教的。他对大姐夫郑佑之恨得牙痒痒，觉得就是他把赵一曼引向“邪路”的。为了不让赵一曼读书，他甚至把赵一曼的书一把火烧掉。

对于大哥的种种压制，赵一曼极为苦恼，他曾与妈妈、二姐商议与哥哥嫂子分家单过，但因弟弟年幼和种种难处，妈妈没有同意。她给大姐夫郑佑之写信，诉说自己的烦恼。郑佑之在回信中，指导她如何处理家庭关系，特别是与兄嫂的紧张关系，给她以入情入理的引导。他告诉赵一曼，一方面，反抗的事不可少，最后一定能取得胜利；另一方面，也不宜过度了，在家里，事事要平和一点，因为自己年龄还小，力量不足，鼓励她不要怕困难，要有信心，不要过急，要讲究策略方法，不要因为一时意气之争引起家里、村里人人反对，反而把现有的宝贵的志气磨灭了。他还告诉赵一曼，大哥本来是天分很高的一个人，只不过是被银钱闹昏了头脑，娶了媳妇，又生了几个儿女，所以才有这种只为自己算计的行为，劝告赵一曼不要过于怪罪大哥。他还说，赵一曼作为比大哥觉悟得早的人，正要可怜、帮助像大哥这样的人，使他们也能早日觉悟。他引导赵一曼认识到，自己所受的这些苦，从根本上来说，不是哥哥造成的，也不是母亲造成的，而是重男轻女的恶习造成的，是封建落后的社会制度造成的，这个社会制度不仅仅害了赵一曼，还害了天下的女孩子们。所以，必须打碎这个万恶的旧制度，才能得到解放。

随着赵一曼读书日渐增多，她感到在家学习已经远远不能满足她的求知欲望，而且在家学习还受到哥嫂的种种限制，于是，她提出要到宜宾城里读书。这个要求当然遭到了哥嫂的强烈反对。大哥甚至说：出去上学不好，女校的风气太坏，女生私自怀胎，跟人逃走，师生苟合……极尽诬蔑女校之能事。赵一曼极为气愤，她看自己说不通哥嫂，就请二姐李坤杰帮助她与大哥李席儒说情。二姐比大哥年龄还大，李席儒不好与当姐姐的太过强硬，就推托说，不让小妹上学的原因，是家里没有钱。一曼见大哥说到钱的原因，就向大哥提出，用自己将来出嫁时陪嫁的妆奁钱作学费。李席儒还是坚决不同意。

赵一曼实在没有办法，只好拿起笔，把受哥哥封建思想压迫的情形公之于众。

1924年，她写了一篇控诉文章，题为《请看我的家庭》，以自述的形式，揭露和控诉封建家庭对自己的迫害。寄给大姐夫郑佑之以后，经郑佑之推荐到上海和天津，分别被上海向警予主编的《妇女周报》和天津邓颖超主编的《女星》以《被兄嫂剥夺求学权利的我》和《在家长式的哥嫂下生活的李一超女士求援》为题刊出。在这篇文章中，赵一曼用满含激情的笔触，用有力的事实，把封建礼教强加给她的种种无情束缚和封建家长对她的打击迫害，进行了淋漓尽致的揭露。她这样写道：

全世界的姊妹们，请看我的家庭，是何等的守旧！是何等的黑暗！我自生长在这黑暗的家庭中，十数载以来，并没见过丝毫的光亮。阎王似的家长哥哥死把我关在那铁篱城中，受那黑暗之苦。近数载以来，多蒙现社会的新学诸君，在那高山顶上，大声疾呼，隐隐的声音，也吹入我铁篱城中来了。我将我的聋耳掏空，细细一听，岂不是唱的“社交公开”“平等自由”么？我到这个期间，已经觉悟了。觉得我们女子受专制礼教之压迫，供专权男性的玩弄，已经几千年了！我们女子受了几千年不平等不人道的待遇，那些没有良心的家长，还要拿什么八出（七出之中加一条不顺兄长出）四从（在家从父下加一条父死从兄）的话来压迫我们。可怜我们许多女子还深深被压迫在旧社会制度之下，受那黑暗的痛苦呵！我感觉到这个时候我极想挺身起来，实行解放，自去读书。奈何家长不承认我们女子是人，更不愿送我读书。我屡次求他送我读书，他不惟不送我读书，而且还说些不堪入耳的话。说什么“女校的风气不好”,“多数女生在学内，私自怀胎”，“跟人逃走”，“师生苟合”等等的话来阻我去路。

……

同胞的姊妹们呀！世界上哪有如此可恶的杀人家长呀！他既不送我读书，我又求他在上海商务印书馆函授学社里给我订购算学、英文、国语这三科的讲义；他不惟不给我订购，而且把我的志愿书都烧了。同胞的姊妹们呀，他不给我买讲义，我又求他给我订报。订报吗，他不惟不出钱，就是亲友送我的，他都不许看呵！他说："现在的书报，多的引坏一般青年的。"他又说我自看了现在的书报，我就胡思乱想的要读书。

……

全世界的姊妹们呀，我现在似悬梁般的上下不得。我真要屈死在这无情的梁上了。唉！我实无法可施了……

同胞的姊妹们呀，说到我屡次的反抗，只有失败，没有成功。我今将我求他，反抗他，和他磨难我的经过，细写出来，请帮我设法，看我要如何才能脱离这地狱般的家庭，才达得到完全独立？

这是一篇揭露封建社会压迫、残害妇女的恶劣罪行的檄文，是一篇向旧礼教、旧思想挑战的宣言书。赵一曼的这篇文章给了封建家庭、封建家长、封建礼教以有力的一击，在社会上引起了强烈的反响。她收到了许多来自全国各地的声援信件。经过这次事件，她初步认识到了斗争的力量，认识到了对于旧的不合理的东西，就要敢于起来斗争。

# 03 组织起来

赵一曼的抗争并没有立即改变她的处境。大哥李席儒仍然顽固不化，他知道赵一曼写文章批判自己后，更加恼怒。但赵一曼并没有被吓倒，她明确认识到要想争得自由和解放，就要坚持学习，坚持斗争。通过一段时间的读书学习以及大姐夫的思想启蒙，她的眼界在不断地扩大。她不是只看到自己家乡这一个小小的村子，她已经在放眼全国，她要从这个小村庄开始，把解放的火种撒遍全国。她不再与大哥强烈对抗，而是换了一种方式进行斗争。那就是，先从身边做起，联络本村本土的妇女同志，把她们团结起来。

1922 年 5 月，中国社会主义青年团第一次代表大会在广州举行。团的一大召开之后，四川各地也建立了团组织。郑佑之也在宜宾各地做着发展团员、建立团组织的工作。思想进步的赵一曼也要求加入青年团。1923 年春，赵一曼写信给郑佑之，询问青年女子可否参加青年团。郑佑之回信说，当然可以，还寄给她 5 本书，勉励她继续学习。经过一段时间的考察培养，1923 年冬，郑佑之同何珌辉以通信方式，介绍赵一曼加入了社会主义青年团。

入团以后，在郑佑之的指导下，赵一曼首先在本村妇女中开展工作，从中发现和培养可以加入团组织的青年。对于如何团结本村的贫苦妇女，郑佑之在来信中向赵一曼讲明了方法，他告诉赵一曼，对于来往的贫苦妇女，不可以一开始就向她们讲主义、革命之类的话，否则就会把她们吓到了。而应该用和蔼的态度，随时与她们闲谈，了解她们的生活情况，有什么苦处、难处，帮她们出主意、想办法。首先取得贫苦妇女的信任和亲近，再来进一步启发她们的觉悟，发动她们起来参加斗争。郑佑之还建议她，不必一开始就建立团支部，先以妇女解放同盟会的方式，发现和培养有进步思想的人。

于是，赵一曼走出家门，到邻居家串门，帮助邻居妇女锄田、摘菜，照顾孩子，烧火做饭，和

她们拉家常。通过这些活动，赵一曼对旧社会农村妇女的各种不幸遭遇有了更多更深的了解。

此时，中国共产党和国民党共同领导的国民会议运动正在全国如火如荼地开展着。1923 年 7 月，中国共产党在《第二次对于时局的主张》中首次阐明了国民会议的主张，提出以国民会议取代被军阀把持的国会。1924 年，在中国共产党和共产国际的帮助下，孙中山对国民党进行了改组，实现了第一次国共合作，建立了统一战线，共同进行反帝反封建的国民革命。1924 年 10 月，受革命思潮影响的军阀冯玉祥发动北京政变，推翻了曹锟、吴佩孚把持的北京军阀政权，并电请孙中山北上共商国是。11 月，孙中山接受邀请，开始北上。行前，他发表“北上宣言”，提出对外取消一切不平等条约和对内扫除军阀两大目标，主张召开国民会议，争取国家的和平统一。12 月底，孙中山到达北京。这时他已身患重病，但仍坚持与段祺瑞军阀进行斗争，主张召开国民会议共商国是。

中国共产党支持孙中山北上，并推动全国各阶层人民和工会、农会、学生会、商人、妇女会等群众团体，纷纷组织国民会议促成会，强烈呼吁国家大事由国民决定，召集国民会议制定宪法，铲除封建势力，建立民主共和政体，反对段祺瑞政府召开的善后会议。在全国兴起国民会议运动。

### 链　接

善后会议指的是北洋军阀段祺瑞召集的会议。1924 年 10 月冯玉祥发动北京政变，推翻直系军阀曹锟、吴佩孚控制的北京政府，推段祺瑞任临时执政，同时电请孙中山北上共商国是。段祺瑞为抵制孙中山关于召集国民会议以谋求中国之统一与建设的主张，于 1925 年 2 月 1 日在北京召开善后会议，参加会议的有各省军阀代表及政客百余人。会议通过的《国民代表会议条例》，规定国民代表会议的权力可由执政府任意限制。这个会议是军阀官僚进行政治分赃的一次会议，与真正的国民会议完全是两回事。遭到共产党、国民党及全国人民的强烈反对。

郑佑之把国民会议的有关材料也寄给了赵一曼，赵一曼学习了这些材料之后，感慨万千。她进行了认真的思考：全国人民在为争自由、争民主而斗争，作为青年女子，可以做些什么呢？她挥笔写就了《青年女子与国民会议》，寄到上海。向警予主编的《妇女周报》于1925年4月19日将此文刊出。在这篇文章中，赵一曼联系自己的遭遇，控诉了女子们处于极低下的地位、所遭受的无穷的苦痛、被强加的种种束缚、数千年男尊女卑的歧视，号召青年女子们团结起来，推翻不平等的社会强加到身上的千重压制，参加到国民会议运动中，去争取自己的权利。

文章满含感情地写道：

社交公开，男女平等的呼声，早已灌注于一般人的耳鼓。但至今犹未见诸实行，并且还有大多数的女子——尤其是青年女子，深深感受无穷的悲哀，无穷的痛苦！（我也是其中之一）唉！我们女子，数千年来总是处于极卑劣的地位，近数年虽有女子参政同盟女权运动同盟之发现，可是终不免男尊女卑的歧视，且种种束缚仍然加于我们身上，竟不能推翻那千重压制，这是何等可伤的事啊！

她写了自己在读了关于国民会议的材料之后的感想，号召全国的青年女子们起来参加国民会议，向国民会议提出议案，争取男女平等的权利：

适才读到中国青年第五十期，为《国民会议奋斗》一文不觉喜极而泣！这真是数千年莫逢的大好机会呵！我们女界——尤其是青年女子，正当努力参加此会，提出要求，求得将来果与男子平等，才不枉我们前此的牺牲……愿全国的姐妹们，多多提出切身的议案于国民会议！总之，我们以前是“事事不能过问”，我今后“非事事过问不可”！道是我们女子我们受压迫的青年女子，根本上极正大的要求。

她详细列出了关于废除旧礼教、实现男女平等13项要求：

（一）废除一切束缚我们女子的东西，尤其是压死青年女子的旧礼教。

（二）社交公开：女子有通信的自由，蓄发，剪发，择业，结婚离婚，种种绝对的自由。并规定保护受痛苦逃婚女子的专条；即抱独身的女子，父母——尤其是兄嫂，亦不得强迫出阁。

（三）男女求学的机会须平等：不惟自小学以至大学，均须撤（彻）底开放，并须严定父母——尤其是兄嫂阻止青年女子求学之罚则。

（四）男女身份平等。女子须有继承袭产权，不单是分产。须有执政权，不单是参政，凡应公开的更不得借口“年幼”，不使我辈青年女子参加或预闻。

（五）普及女子教育，特别要注重青年女子。并废除良妻贤母之教育，严禁宗教徒对于青年女子之诱惑与害迫。

（六）有志求学而力不足的青年女子，国家或地方，均当供给以入学的费用。

（七）禁止蓄童养媳，禁止纳妾，蓄婢。立法严惩拐卖幼女溺女，及虐待妻妾婢媳，以振刷恶俗。

（八）禁止奖励虚伪之贞节主义。如旌表节孝等，尤其是过门守节。提倡再婚妇与处女一体受社会上之待遇。

（九）不惟女工与男工作同样的工当得同样的报酬，即青年女子和做了成人一样的工作，也当得一样的工资。

（十）女工月经期内，厂主当加以优待，不得强迫做工，更不得扣减工钱。

（十一）女子妊孕期内，不得做工；并须由国家供给以充足的生活费。

（十二）废除娼妓制度，禁止穿耳，缠足的恶习惯。取缔妖淫装饰品。

（十三）为使我们的要求有力而实现起见，国民会议须尽量参加妇女团体，尤其是青年女子的代表。

提出这13项要求之后，在文章的末尾，赵一曼向全国的女同胞们发出号召：大家团结起来，促成我们的国民会议！

这篇文章是只有 20 岁的赵一曼深入思考的结果，她当时是一个生活在偏僻山村里，没有受过正规的教育，而且缺少革命理论和实际斗争经验的青年女子，能写出这样的文章，能提出非常符合当时全国妇女的实际情况、代表女同胞的切身利益的 13 项要求，实在是极其难得的。今天看来，这篇文章仍然让人感佩不已。

接着，在郑佑之启发和帮助下，赵一曼继续做着联络村里女性的工作。二姐李坤杰在她的帮助下入团以后，两个人一起开展工作。她们首先联络了几个吃长斋抱独身主义的妇女，这些人行动起来比一般的家庭妇女更方便。她们利用朝山、赶庙会等机会在外边活动，联系了 30 多人。初步具备了把这些妇女联合起来成立一个组织的条件。

本来，她们计划在 1925 年农历四月二十八日召开成立大会，赵一曼提前到了二姐家，连夜写好了开会的通知书。可是这时却遇上军阀之间的战争，白花场来了许多军阀杨森的反动军队，到处抢东西，抓人。赵一曼担心这种情况下不安全，二姐让她暂时躲在家中的仓里，外面用锁锁住。等军阀

的反动军队离开了，赵一曼才出来。

虽然妇女解放同盟暂时没有组织起来，但赵一曼姐妹的革命活动仍在继续。她们的活动也得到了上级党团组织的指导和帮助。1925 年 6 月，郑佑之给赵一曼写信，告诉她，目前一曼和二姐是共青团员，如果她们能再邀请一两个同志入团，就可以成立团支部了。他还指导一曼，可以专门在青年女子中去寻找适合发展成共青团员的对象，将来女同志多了的时候，还可以特别成立一个妇女部。赵一曼按照这些指示，和二姐积极工作，从平时比较了解的女青年中，又发展了几名团员，于 1925 年 10 月 26 日在白花场成立了共青团支部，赵一曼担任团支部书记。

在团支部成立之后不久，成立妇女组织的条件也成熟了。12 月 13 日，在二姐李坤杰的住处曾家湾石板寺召开了“白花场妇女解放同盟会”成立大会，通过了成立宣言和简章，推选李坤杰为会长，一位反对包办婚姻、吃长斋、终身不嫁的姑娘曾贵儒为副会长。赵一曼担任文书，实际上主持会务工作。当时有会员 30 多人。

在成立大会上，赵一曼向会员作演讲。这个同盟会是她辛苦付出的成果，她有万语千言要对女同胞们讲，她喊出了千百万妇女的心声：姐妹们，我们妇女在古代还是有许多有能力的人的，都是因为受了几千年的封建压迫，我们才没能得到解放。什么三从四德，这都是给我们戴的枷锁！在家从父，父死还要从兄！出嫁从夫，夫妻应当互相友爱，为什么女的就要从男的呢！夫死还要从子！他们还把我们当人看待吗！

赵一曼这些话，句句都是对封建礼教的控诉。她越讲越激动，带领妇女们高喊口号：起来，姐妹们，打倒三从四德，反对多妻制，反对童养媳制！

妇女解放同盟会成立后，赵一曼带领会员们积极为妇女办事，帮助她们解决问题，解除痛苦。有谁家婆媳不和了，妇女会出面调解，有谁家女儿受后娘欺负虐待了，妇女会出面评理。妇女解放同盟会受到广大妇女群众的热烈拥护，会员很快发展到 180 多人。妇女会还在白花场办了一所女校，二姐李坤杰任校长，老师有李坤杰的丈夫肖简青等人。招收贫苦人家的女孩子入学，使这些一直受苦受难、目不识丁的女孩子及成年妇女，有了入学读书的机会。

赵一曼领导的革命活动，在她带领下建立的妇女会、义务女校，在那闭塞的山沟里猛烈冲击着当地的封建势力，当地封建卫道士极为恐慌和仇视。他们收买一些地痞流氓，常常闯入女校教室捣乱，殴打学生和老师。赵一曼带领妇女会成员勇敢斗争，狠狠打击了那些封建老顽固的嚣张气焰。

封建卫道士们又打起了另外的歪主意。赵一曼的本家族人向她发起了围攻，骂她“伤风败俗”“败坏门风”，责令家长严加管教。大哥李席儒决定马上把赵一曼嫁出去，找个厉害的男人管教她。于是，媒人不断上门说亲。

赵一曼义愤填膺，她从来就不是任人摆布的弱女子。她要努力抗争。一天，说媒的又来了。赵一曼割了一捆藿麻，等在大门口，见媒人从房内出来，立即冲上去拦住，大声对媒婆说：哪个要你来管我的闲事？以后你要再敢上门来，我就用这藿麻收拾你。你知道，我是说得出来做得到的。那媒婆

看着赵一曼手里的藿麻，感觉这姑娘可真不是说着玩吓唬自己的，赶紧求饶，表示自己以后再不敢来了，说完赶紧溜走了。

此后，赵一曼又多次向当家的大哥提出，自己决不嫁人，要到城里去读书。

# 04 飞出牢笼

赵一曼在家乡的革命活动不但遭到当地封建守旧势力的强烈反对，也遭到了家中以大哥为首的家长的强烈反对。她在家中的学习和工作都遇到了极大的困难。由于她已经就自己出外读书的事多次和大哥交涉，都遭到了失败。她决定不再与大哥废话，直接通过党团组织离家到城里去读书。上级党团组织同意了她的要求。

她把出去读书的决定告诉了疼爱自己的母亲。母亲非常舍不得这个小女儿，但她明白小女儿的远大志向，知道自己无力挽留。1926 年 2 月中旬，一曼趁哥嫂不在家，和年老多病的母亲洒泪告别，悄悄离开了家门，先到了十几里路以外的二姐家。

鉴于小妹第一次出远门，二姐和二姐夫执意要亲自送她到叙府城里（今宜宾城），交给大姐夫郑佑之才放心。鸡叫头遍，他们便动身启程。路上，二姐夫要雇一个人背行李，可是一曼摇头不肯。她说自己以后要走的路会很多，无论走多远的路，行李都得自己背，现在不学着不行。二姐心疼小妹受苦，但一曼告诉二姐自己没问题，她背起行李大步向前走去。虽然行李很重，可是赵一曼的心是轻松的，她终于走出了束缚自己的封建家庭的铁牢笼，终于打破了封建的枷锁，可以做自己想做的事情了，能不轻松愉快吗?

来到宜宾城里，组织上早已安排好，一曼就住在当时党团组织经常开会的武庙街郑家院子里。这里是共产党员郑量澄的家，其子郑则龙也是共产党员，当时任团地委书记。他还有 3 个妹妹，郑双璧、郑琇石、郑奂如，她们都是共青团员，都在宜宾女中读书。当时的赵一曼，尽管是刚刚从农村来到城里，还带着一身的乡土气息，但她聪明、热情、爽朗、活泼，年龄和郑家姐妹相近，又都是共青团员，所以很有共同语言，郑家姐妹非常喜欢一曼。她们经常在一起讲故事、谈理想，很快就像亲姐妹一样了。

赵一曼到宜宾后，在团组织和郑家姐妹的帮助下，抓紧复习了数学、国文等课程，于1926年2月考入宜宾女子中学一年级二期第三班读书。开学那天，郑家姐妹和一曼等几个团员住进了一间宿舍。她们在学习生活上互相帮助，团结友爱，同时，积极开展团的活动。新的生活，给离开家门的赵一曼带来了新的希望，她对未来充满了信心。

在宜宾女中，赵一曼的到来给这所学校增添了生机和活力。别看她打扮得非常朴素，可是谈吐新颖，大家都愿意接近她。于是，学校里经常出现这样一个场景：课下，一大堆人围着赵一曼，争看土里土气的新学生，听她讲从未听过的新鲜话："女子要争取在教育上、经济上、政治上与男子一律平等""女子要经济独立才不受男子的气"。她问女同学们耳朵穿过没有？脚包过没有？她提着自己的耳朵，跷起自己的脚给大家看，说："我的耳朵没有穿，我的脚没有包。"大家都以惊奇的眼光看着她。

赵一曼入学时，已经20多岁了，是班上年龄最大的。她刻苦学习，努力吸收文化知识，以加倍的努力弥补上学晚的差距。同时，她把对百姓疾苦的关心关注倾注到知识的学习中。有一次，国文老师共产党员尹绍周出了一个作文题目：不如归去与炒米糖开水的声音谁更凄惨？大多数家庭出身富裕的女生，不懂得阶级压迫，不了解社会黑暗状况，没有接触革命思想，所以对这个政治性很强又很含蓄的题目，一时不知如何下笔。而赵一曼却不同，她读过近百年帝国主义列强侵华史，看过许多宣传革命思想的政论文章，了解当时中国的封建统治阶级对劳动人民的残酷压榨和帝国主义列强侵略对中国人民造成的苦难。她还直接参加了反帝反封建的斗争，所以她很容易就抓住了这个题目的中心思想，在文中表达了这样的思想：

“不如归去”是杜鹃受了自然界的压迫而发出的悲鸣，这当然是够凄惨的，而“炒米糖开水”却不同啦。那是在静静的夜里，有钱的人们大都在温暖的被窝里香甜地睡着了，只有那些受着重重压迫和剥削的人，过着饥寒交迫的生活，才被迫在冷冷清清的街头巷尾叫卖炒米糖开水，供那些寻欢作乐的有钱人夜里消闲吃喝，得到微薄的收入，以维持一家老小的最低生活。炒米糖开水的声音鸣出了穷人的悲怆，鸣出了社会的不公，那是比杜鹃的哀鸣声更凄惨的声音。这种社会的不公平现象，向我们提出要求，必须改造它，这是责无旁贷的。

尹绍周老师看了赵一曼的作文，连声称赞，并向全班同学朗读，夸奖赵一曼不但文笔好，而且联系实际、思想性强。同学们都向她投去赞叹的目光。她以自己的优异成绩，赢得了同学们的认可。

# 05 冲在反帝斗争第一线

赵一曼在刻苦学习的同时，主动接近同学，宣传反帝反封建思想，把自己订的《妇女周报》送给大家看，还给同学们讲从鸦片战争以来列强侵略中国的历史和军阀混战、内忧外患、民不聊生的现状。她满含感情的诉说，令同学们深受感动。大家觉得这个姑娘很有见识。她像一块磁铁，把同学们紧紧地吸引和团结到自己周围，革命思想迅速在同学中间传播。

这时，宜宾开始建立中国共产党组织，在宜宾团地委的基础上，1926 年 1 月，成立了中共宜宾特别支部，选举郑佑之为书记。宜宾特支建立时，四川省尚未成立党的地方委员会，所以，特支

抵制仇油
反對經濟侵略
打倒帝國主義

由中共中央直接领导。按照党中央关于扩大党组织的指示，部分团员转为中共党员。赵一曼转为中共党员，后担任宜宾女中党支部书记。在面对庄严的党旗宣誓时，她的心情异常激动。从此，她把自己的一生都献给了为谋求民族复兴和人民幸福、为实现共产主义而奋斗的伟大事业。

赵一曼在同学中的威信越来越高，她被选为宜宾女中团支部委员、校学生会常委兼交际股股长，并担任叙府学联常委。她积极参加宜宾特支组织的各种革命活动。特别是在五卅运动一周年之际的宜宾人民反仇油斗争中，赵一曼冲锋在前，顽强斗争。

## 链 接

五卅运动，中国人民在中国共产党领导下，于1925年5月30日发动的反对帝国主义的革命运动。1925年中共四大后，党领导的工人运动蓬勃发展。这年5月15日，上海日本纱厂资本家枪杀工人顾正红，打伤工人10余人，激起全市工人、学生和市民的愤怒。这一流血事件成为五卅运动的导火线。上海数千工人罢工，强烈抗议日本帝国主义暴行。中共中央决定因势利导，组织各界声援上海工人斗争。5月30日，上海学生2000余人在租界内宣传声援工人斗争，英国巡捕逮捕学生100余人。随后，群众万余人奔赴巡捕房，要求释放被捕者，租界英国巡捕突然开枪，打死13人，伤数十人。制造了举国震惊的五卅惨案。中共中央立即号召上海人民罢工、罢课、罢市，抗议英帝国主义暴行。在党的领导和推动下，五卅运动的狂飙迅速席卷全国，各阶层广大群众积极参加反帝爱国运动。五卅运动对中华民族觉醒和国民革命运动发展起到了巨大推动作用，是中华民族直接反抗帝国主义侵略的伟大运动。它冲破了长期笼罩全国的沉闷的政治空气，大大促进了群众觉醒，显示了各革命阶级、各阶层民众在无产阶级领导下联合斗争的巨大威力，给了帝国主义和军阀势力一次前所未有的打击。

在五卅运动中，宜宾人民出于对英、日帝国主义的仇恨，把两国商船称为仇船，将两国货物称为仇货，并发起抵制英、日仇货。1926 年 6 月之前，宜宾人民已经发起了两次反仇油斗争。第一次是在 1925 年 11 月，英商船“老蜀通”号满载煤油上驶宜宾。共青团宜宾特支、叙府外交后援会、学生联合会等组织 200 余人，列队江边，高呼口号，抵制仇货。“老蜀通”号仓皇逃窜。第二次是在 1926 年 4 月，英轮“川东”“川西”号运载仇油到宜宾，中共宜宾特支通过国民党宜宾县党部、学生会和叙府外交后援会，动员组织叙府联中、女中等校学生到江边抵制。这两次反仇油斗争都取得了胜利。

1926 年 6 月初，英轮“川北”号又满载煤油向宜宾驶来。中共宜宾特支决定再次掀起一个“抵制仇货”的爱国运动。党组织通过国民党宜宾县党部、叙府外交后援会、叙府学联等组织宣传队，坚决反对仇油上岸。赵一曼按照党的指示，和其他党团员一起，积极在同学中进行宣传动员，说明贩运仇油就是帮助帝国主义对我国进行经济侵略，一定要坚决抵制。6 月 11 日，“川北”轮一到宜宾，赵一曼带领女中学生，冒着大雨跑到江边码头，和其他学校的学生们一起，高呼口号，“打倒帝国主义”“反对经济侵略”。并向油轮投掷石块，使油轮不敢靠岸。

英商又想出其他伎俩，雇了几只小驳船，企图偷运油桶上岸。赵一曼和同学们发现后，鼓动搬运工人把油桶扔到江里。奸商看偷运不成，恼羞成怒，竟然买通驻军派兵镇压。城防司令辜勉之派军队赶到江边，肆意殴打学生、市民，冲散了群众，并逮捕了 14 名爱国师生。四川军阀刘文辉又下令强行封闭了叙府外交后援会和学联，并永远禁止抵制仇轮。这些行为激起了广大群众的义愤，党团组织决定坚持斗争，发动各界群众掀起全市性的反帝爱国斗争。赵一曼按照党组织的决定，组织学生上街游行示威，码头工人、店员和市民也加入了游行行列，整个宜宾城发出了反帝爱国的怒吼！学联还用快邮代电，向省学联和全国学联发出呼吁，请求声援。

这场斗争坚持了 20 多天，在全国、全川的一致声援下，在广东国民政府出师北伐的大好形势下，四川军阀刘文辉不得不撤换了宜宾城防司令辜勉之的职务，释放了爱国志士，所有仇油折价拍卖。爱国斗争取得了胜利。

在这场斗争中，赵一曼经历了风雨，接受了考验，她向旧的社会秩序斗争的决心更大了。她决心把自己的一切都献给壮丽的革命事业，任何艰难险阻都不能挡住她勇往直前的步伐。

# 06 黄埔军校女学生

赵一曼在宜宾女中参加领导的反“仇货”斗争虽然取得了胜利，但反动当局并没有停止对爱国进步力量的迫害，赵一曼等带头参加反帝斗争的爱国学生，不久就被学校下令开除。

面对反动当局的迫害，党组织决定，由赵一曼组织女中学生前往教育局请愿，力诉爱国无罪，反帝有理，反对学校当局无理由开除爱国学生。当女中学生的请愿遭到当局蛮横拒绝后，赵一曼在学生中组织开展退学活动，以示抗议。一时间，赵一曼领导女中部分学生宣布退学，其他学校的进步学生立即响应，相继离开学校。

为保护这批大革命运动中涌现的有生力量，继续培养他们成为革命斗争的骨干，中共宜宾特支和国民党县党部研究决定，以国民党宜宾县党部名义创办川南中山学校，招收女中学生及被各校默退、开除的学生，以支持学生的正义斗争。赵一曼也进入该学校继续读书。

1926年11月12日，正逢民主革命先行者孙中山先生诞辰纪念日，中山中学于这天举行了开学典礼。赵一曼写了题为《宜宾中山中学开校记》的文章，来纪念这个重要的日子。她在文中一方面为学校的开学感到快乐，另一方面，她看到学校所在地的宜宾县党部的工农部、妇女部等组织机构，虽然挂着牌子，却无人在此办公，感到非常可悲，感到当地的不少国民党老党员空喊继承孙中山先生的革命精神，却没有拿出革命行动来，表达了自己一定要把革命进行到底的决心。

中山中学开学前后，正逢北伐军占领了武汉三镇，国民党中央和国民政府也迁到了武汉。革命形势大好，急需培养大批军事政治干部，决定在武昌设立“中央军事政治学校武汉分校”，一般称之为“黄埔军校武汉分校”，面向全国招生，而且可以招收女生。这是中国历史上军事学校第一次招收女生。宜宾党团组织接到这个通知后，立即组织报名工作。赵一曼看到了更宽广的革命天地，可以学到军事知识，用革命的武装打击那些骑在人民头上作威作福的反动派，她决定报名应试。这个要求得到了党组织的同意。于是，她坐船前往重庆参加军校的入学考试，踏上了新的革命征程。

### 链　接

北伐战争，1924—1927 年国共合作进行的反帝反封建的革命战争。在中国共产党帮助下，1924 年国民党一大召开，确定联俄、联共、扶助农工三大政策，第一次国共合作正式形成。随后，筹建黄埔军校，组织国民革命军。进行东征、南征，统一了广东革命根据地。1926 年 2 月中共中央召开特别会议，提出北伐推翻军阀统治。6 月，国民党中央通过北伐出师方案。7 月，北伐战争在“打倒列强，除军阀”的雄壮口号中正式开始。北伐战争目的是推翻帝国主义支持的北洋军阀反动统治，实现中华民族独立、自由、民主和统一。这是孙中山多年的愿望，也是全国人民共同的要求。北伐中，以共产党员和共青团员为骨干的第四军叶挺独立团发挥了主力作用。共产党积极组织工农群众给予大力支持和配合。仅用10个月，就打败了吴佩孚、孙传芳两派军阀，仅剩东北的奉系军阀。帝国主义进行武力干涉，并在国民党内寻找新的代理人。国民党蒋介石集团和汪精卫集团勾结帝国主义，意欲叛变。共产党内出现了陈独秀右倾机会主义错误，对国民党右派妥协退让，压制工农运动，放弃了统一战线和军队的领导权。1927年4月、7月，蒋介石、汪精卫分别发动反革命政变，第一次国共合作破裂，北伐战争暂告停顿。

到重庆后，经军校初试，赵一曼被录取了。1926年12月，她与一同被录取的300多名男女同学登上了开往武汉的客轮。到武汉后，又进行了复试。赵一曼和全国各地被录取的200多名女生一起，编成了政治女生队。一曼编入一区队，正式成为黄埔军校武汉分校的一名女学生，成为在我党领导和培育下诞生、成长的第一批女兵。

黄埔军校是国共合作的产物，是1924年国民党一大正式决定创建的。孙中山鉴于过去长期依靠旧军队进行革命而屡遭失败的教训，接受了苏联和中国共产党的建议，决定创办一所军官学校，以此为基础创立一支革命军队。学校全称是中国国民党陆军军官学校，因学校设在广州附近的黄埔岛上，故亦称黄埔军校。1924年5月，黄埔军校开学。孙中山自任军校总理，委任蒋介石为校长，廖仲恺为党代表。中国共产党十分重视黄埔军校的工作，委派周恩来担任军校政治部主任。从各地选派大批共产党员、团员和革命青年到军校学习。军校的最大特点是把政治教育提到和军事训练同等重要的地位，注重培养学生的爱国思想和革命精神。这是它同一切旧式军校根本不同的地方。1926年，军校改名为中央军事政治学校。

## 链 接

从严格意义上来说，中国共产党从事军事活动是从黄埔军校开始的。在黄埔军校担任政治部主任的周恩来和中共广东区委在取得孙中山同意后，从军校第一期毕业生中抽调部分党、团员作为骨干，改组大元帅大本营的铁甲车队，由共产党员廖乾五任党代表、政治部主任，成为中国共产党实际领导的革命武装。

武汉中央军事政治学校的校长是蒋介石，但他当时正谋划着叛变革命，与在武汉的国民党中央对立，所以他并不在武汉，军校代校长是国民党左派、国民革命军总政治部主任邓演达，实际负责人是军校常委、政治总教官、共产党员恽代英。徐向前、陈毅等共产党员也在学校里负责不同方面的工作。

来到军校以后，赵一曼和女生队其他学员一起，脱掉了旗袍和短袄，换上了军装，打上了绑

腿，穿上了布鞋，扎上了皮带，戴上了大盖帽。把头发也剪成了小平头，成了一个英俊的假小子，成为一名革命军人。1927 年 2 月 12 日，军校举行开学典礼。这天，赵一曼聆听了邓演达、恽代英等军校领导同志的演说，还听到孙中山夫人宋庆龄的演讲，她印象深刻，感受很深，心中暗暗发誓，要以孙夫人为榜样，永远革命到底。

在学校里，赵一曼和同学们一块过起了正规化的军事生活。每天早早地起床，出操，吃饭，上课。一切行动听指挥，按号令。演习、站岗、训练，一切都和男兵一样严格要求。这种全新的生活，让赵一曼非常兴奋，她全身心地投入到学习和训练之中，马列主义理论水平和军事知识水平都得到很大提高。

学习期间，赵一曼还和同学们一起参加了讨伐反动军阀的战斗。随着大革命形势的不断发展，国民党新右派逐渐背叛了革命。1927 年 4 月 12 日，蒋介石在上海发动反革命政变。在这之后，更多的地方军阀也加入到反共反人民的行列中。原驻湖北西部的十四师师长夏斗寅在蒋介石策动下，勾结四川军阀杨森，出兵向武汉进攻。危急时刻，叶挺领导的二十四师部队从河南前线赶回武汉。武汉国民政府在中国共产党帮助下，将武汉军校的学生和武昌农民运动讲习所的部分学员，合编成中央独立师。女生一部分编入看护队，一部分编入宣传队，随军出征。此时的赵一曼正因为犯了肺病在医院休养，她对国民党右派的叛变行为异常气愤，不顾病体未愈，从医院跑回学校，参加了军校学生编成的独立师，开赴前线迎击夏斗寅叛军。

赵一曼等人被编入宣传队，随着由叶挺担任总指挥的军队由武昌誓师出发，开赴前线。5月19日，叶挺指挥所部与敌人展开激战，很快击溃了夏斗寅叛军。在平叛过程中，女生队发挥了重要作用。赵一曼等女兵不怕困难，勇敢机智，和男兵一样爬山越岭，在烈日下急行军，在泥泞中搞救护、作宣传。在作战地区，赵一曼等女生队员积极开展宣传工作。她们以唱歌、唱京戏等形式吸引群众，等大家围拢上来，便向群众宣讲革命道理。她们结合老百姓受压迫、受剥削的实际情况，自编自演活报剧，受到广大群众欢迎。她们还调查行军途中妇女的生活情况，宣传反对封建礼教，宣传妇女解放，号召妇女放足、剪发。有的年轻姑娘受到她们的影响，要求跟着她们去当兵。她们还和男战士一起，帮助地方整顿农民协会、妇女协会等群众团体，发动群众斗土豪劣绅，镇压反革命分子。

在行军途中，赵一曼的脚上磨出了泡，脸上晒掉了皮，她都不在乎。晚上睡在草地或牛棚里，蚊虫叮咬，满身红肿，鸡屎牛粪，气味异常。面对非常艰苦的战斗生活，赵一曼没有退缩，在血与火的战斗中，她得到了锻炼，成为一名真正的战士。

# 07 莫斯科留学

在帝国主义和国内封建势力的联合绞杀下，轰轰烈烈的大革命失败了，蒋介石、汪精卫疯狂屠杀共产党员和革命群众。在这种险恶的形势下，作为共产党员的赵一曼已经无法继续在武汉军校学习。党组织安排她赴苏联莫斯科中山大学学习。留苏期间，她学到了马克思列宁主义理论，度过了一段相对平静的日子，还收获了美好的爱情。

莫斯科中山大学，全称为中国劳动者中山大学，是第一次国共合作时期苏联、共产国际为纪念孙中山、为中国革命培养人才而设立的学校。该校于 1925 年 10 月在莫斯科成立，招收对象主要是国共两党党员，学制两年。课程主要有俄语、哲学、政治经济学、历史、列宁主义、军事学、党的建设、苏维埃建设和工人运动等。学校强调理论和实践并重，培养学员既具备群众工作的能力，又具备军事指挥的才干。后来成为国共两党重要人物的张闻天、邓小平、杨尚昆、王稼祥、蒋经国等都曾在此就读。该校校长先后由拉狄克、米夫等担任。1927 年大革命失败后，国民党党员纷纷被召回国。1928 年学校改名为“中国劳动者共产主义大学”，传统上仍称中山大学，专收中国共产党派去的学员。1930 年学校停办。

1927 年 9 月的一天凌晨，赵一曼和同行的几十个青年人登上一艘苏联的商船。他们有的是黄埔军校、武汉军校的学生，有的是从事地下工作的革命者。临行前，赵一曼给二姐写了一封信，说自己即将去苏联学习，终于实现了小时候说过的“不仅要读中学、大学，还要出国留洋的誓言”，字里行间洋溢着自豪感，也充满了对美好未来的向往。

学员们上船后，每 10 人编为一组。赵一曼这组的小组长名叫陈达邦，湖南人，共产党员，是任弼时妻子陈琮英的本家堂哥。他与赵一曼同是黄埔军校武汉分校的学生。他为人热情诚恳，作为组长，他承担着关照组里成员的责任。这一次出门，赵一曼是第一次乘坐海轮长途跋涉。船在海浪中剧烈颠簸，赵一曼不时呕吐。组长陈达邦看到了，一直在身边精心地照顾她，为她端送吃的喝的。赵一曼对陈达邦的帮助十分感激，这也或多或少减轻了她的不适感。随着旅途越来越远，两个年轻人的心却贴得越来越近。

到莫斯科中山大学后，学员按原有的文化程度分班，赵一曼被编入相当于中学水平的第六班。同学们都取了苏联名字作为化名。赵一曼取了个苏联名字叫科斯玛秋娃。不过同学们却喜欢叫她“毛栗子”，因为她的头发很短，又不太喜欢修饰，看起来像个“毛栗子”。同学们这样叫她，她也不生气，欣然接受。在异国他乡，赵一曼仍然保持着她那种一贯的乐观、爽朗、坦率、热情的好性格，说话开门见山，不绕弯子，同学们都很喜欢她，乐意和她交朋友。

赵一曼十分珍惜来之不易的学习机会。由于她原来的文化程度低，来苏联后，课程很多，学习任务很重，特别是还有语言不通的问题，学习起来比较吃力。她积极克服各种困难，努力学习俄语，钻研马列主义理论。

学习期间，赵一曼与在船上结识的对自己照顾有加的组长陈达邦一直保持着联系。陈达邦比赵一曼大 5 岁，革命经历较长，文化水平较高，他被分到大学班学习。一曼经常和他一起学习，向他请教问题，也在一起散步，谈人生，谈中国革命的前途。时间一长，赵一曼心中产生了异样的感觉，在陈达邦身边，她就感觉踏实、放心，陈达邦不在时，她会觉得六神无主，甚至空虚迷惘。陈达邦也有同样的感觉。原来，最美好的爱情在他们两个心中开花了。赵一曼意识到这一点，她决定不让这种感觉过多地占用自己的学习时间，于是，她下定决心结婚，让自己的感情稳定下来。1928 年 4 月，经党组织批准，赵一曼与陈达邦结婚了。同学们为他们举行了简单的仪式，为他们送上美好的祝福。

结婚后，赵一曼难得过了一段平静美好的生活。她和陈达邦两个人互相关心，互相帮助，共同学习进步。赵一曼对家庭生活安排得很细致周到，每到假日出去游玩，她都提前做好计划，规划好路线和时间，按计划行事。对于花费，赵一曼也很节俭。他们的生活费用都是由学校发给的，钱并不多，但由于赵一曼精打细算，所以并不感到拮据。他们组成家庭后，还是以学习为主。每次班里组织学习讨论，赵一曼都积极发言。她每次都认真准备发言提纲，并且征求丈夫陈达邦的意见，请他帮自己修改。经过陈达邦的辅导，赵一曼的学习进步很大，在俄语学习方面，也有了很大提高。

由于学习任务本来就很重，赵一曼对自己的要求又很高，总是额外给自己增加学习任务。她的肺病复发了。这时，赵一曼还发现自己怀孕了，身体很虚弱，甚至还吐了血。这可怎么办？她是来学习的，可是这个时候孩子的到来势必影响她专心学习。她非常着急。陈达邦劝她请假休息，医生也建议她去外地疗养，否则不但会影响她的身体健康，也会对胎儿造成影响。可赵一曼不同意休息，她坚持继续学习。陈达邦担心她的身体会吃不消，于是日夜守在她身边。临近暑期考试了，赵一曼不想拖累丈夫，于是自己悄悄躲到没人的地方复习功课。就这样，凭着一股子不服输的韧劲，赵一曼仍然在考试中取得了较好的成绩。

暑假期间，鉴于赵一曼的身体状况，学校安排她到克里木海滨疗养院去治疗。她去了一段时间，病情稍有好转后，就又回到莫斯科继续上课。可是她身体本来就弱，病情没有完全恢复就去上课，再加上苏联严寒的气候，她又怀着孩子，导致病情复发。可她又不肯休息。陈达邦守着她，急得团团转。

赵一曼是个要强的人，她不允许自己这样下去。她是为了更好地干革命工作才出来学习的，可现在她不但自己不能集中精力学习，而且还影响着丈夫陈达邦也不能安心学习，那还怎么为革命而工作呢？正好此时，国内革命工作急需女干部，赵一曼毅然决定回国工作。她去请求党组织。党组织考虑到，首先赵一曼的病情在苏联寒冷的气候中很难痊愈，国内的天气更温暖些，有利于她的病情恢复，而且国内的工作也确实非常需要女干部，决定安排她回国工作。

陈达邦舍不得赵一曼离开，也不放心她的身体，担心她一个人回国受不了，提出等孩子生出来以后，两人一起回国。赵一曼不同意，她觉得夫妻离别事小，为党的事业求学的任务更重，自己在这里，不但无法学习，还影响了丈夫的学习。不如回国，不但能很快把病治好，还可以为党的工作多作贡献。她跟陈达邦说，“党组织派我们来学本事，我们不能都空着脑袋回去”。她还让陈达邦放心，以后，她一定会把大胖儿子交到丈夫手里。陈达邦无奈，他知道妻子的党性和原则性都很强，她决定的事情，别人是无法改变的，只好含泪同意了。

# 08 回国参加地下斗争

1928年冬天的一个早晨，赵一曼离开了苏联和爱人，动身回国。临行前，她和陈达邦商量，孩子生下来后怎样抚养的问题。当然最好是带在身边，但在革命战争的环境下，赵一曼带着孩子，实在是很困难，也不利于孩子的成长。这就需要找一个可靠的人家帮着抚养。陈达邦想到了自己湖南老家的堂兄陈岳云，他是个小工厂主，家庭条件比较好。他告诉赵一曼，到上海后，可以先去找在中共中央工作的陈岳云的妹妹陈琮英，想办法把孩子送到老家。交代好孩子的事，陈达邦又千叮咛万嘱咐，总是不舍得妻子离开。

临别前，陈达邦把自己的银壳怀表和金戒指

交给赵一曼，以备她将来不时之需。赵一曼犹豫了一下，还是接过了这些东西，含泪告别自己深爱的丈夫。只是她没有想到，她这次与丈夫的告别，竟然成了永别，她答应会亲手把大胖儿子交到丈夫手里，他们夫妻这个家庭团聚的愿望，也永远没有实现。1942 年，陈达邦回国后，见到儿子宁儿时，宁儿已经 13 岁了。而他的妻子赵一曼，已经于 1936 年牺牲在日本侵略者的枪口之下。

赵一曼和同行的其他同志，告别了学习生活，走上了回国之路。这时，莫斯科的天气已经冰封雪盖，严寒使人窒息，冷风好似利剑。刚开始，他们就遇上了暴风雪，道路封闭，他们不得不化装步行。赵一曼怀有身孕，在风雪中走路，非常吃力，行动十分困难。在同行的同志帮助下，她一步一步艰难地行进。通过国境线时，因为担心被敌人发现，他们不敢白天走，也不能乘车，只能摸黑走夜路。进入中国境内后，又费尽周折，辗转来到当时的中共中央所在地上海。

大革命失败后，中国共产党领导的人民革命

斗争进入最艰苦的年代。为使中国革命走向复兴，党中央召开了八七会议，确定了武装起义和土地革命的方针。领导开展了南昌起义、秋收起义、广州起义等一系列武装起义。在农村，以毛泽东为代表的中国共产党人走向井冈山，探索农村包围城市的中国革命新道路。在城市，党的工作转入地下，在严重的白色恐怖中坚持斗争。

赵一曼回到国内时，党组织正准备在湖北宜昌建一个交通联络站，决定派赵一曼去那里工作，担负文件交换、安置干部等工作。宜昌位于湖北省西南部，地处长江中、上游的分界处，西控巴蜀，东连江汉，南通湘粤，北达中原，是连接川东、鄂西、湘西与江汉平原的通道，素有“三峡门户”“川鄂咽喉”之称，为历代兵家必争之地。大革命失败后，宜昌处于严重的白色恐怖之中。1928 年 7 月，中共湖北省委派共产党员到宜昌，重新组建鄂西特委。周逸群任特委书记。在极为险恶的环境下，极需要把在宜昌的秘密交通联络站尽快组建起来，组织上一直在物色合适的人选。

赵一曼服从组织决定，一个人来到宜昌。在

一条狭窄的街上租了一间木板屋住下。这里距离长江较近，是码头搬运工人聚居区，住在这里也有利于掩护。赵一曼主要承担分发文件、购买船票、转换组织关系等日常琐碎的工作。在严重的白色恐怖下，这些工作都要十分小心秘密地进行。赵一曼小心而缜密地承担起这些工作。白天，她像一个普通的家庭妇女一样，洗衣做饭，淘米洗菜。她也去找码头工人家里的妇女们聊天，了解工人群众的生活现状。晚上，她就一个人悄悄地做着分发文件、传递情报等工作。

刚刚安顿下来不久，由于从苏联回国长途劳累，再加上营养不良，赵一曼出现了早产症状。这可急坏了房东老太太。她一看赵一曼要生孩子了，不是赶紧帮忙，反而逼着赵一曼搬走。因为按这里的迷信风俗，外人是不能在家里生孩子的。赵一曼和房东老太太讲理，谁知房东老太太却不理会赵一曼的诉求，更不管赵一曼的身体状况，狠心地将她推了出去。

赵一曼没有办法，只能向街上走去。她心里着急，肚子也越来越疼痛。她实在无处可去，只能慢慢地又折了回来。幸好住在旁边的一个好心的搬运工人主动让赵一曼住到自己家来。这位工人让出自己的半间板棚屋子，用柜子隔开，又让出一张床，一条板凳，让赵一曼暂且住下。就在这天晚上，1929 年 1 月 21 日，婴儿降生了。一曼做了妈妈。她又喜悦又焦急，喜的是小宝宝平安生下来了，急的是在这样艰难的环境中，该怎么养育这个孩子啊。她看着孩子的小脸，久久不能入睡。她给孩子取名叫“宁儿”，希望孩子能有一个和平安宁的成长环境。

宁儿出生后，赵一曼一直住在那个工人家里。为了帮助这位工人解决家庭经济困难，她忍痛卖掉了丈夫陈达邦送她的那只金戒指。可是没想到，就是因为这只金戒指，联络站被暴露了。赵一曼遭到了反动当局的追捕。

赵一曼得到消息，只好抱着尚未满月的宁儿，拖着衰弱的身子，连房东也没有惊动，就上了开往上海的船。由于营养不足，再加上精神紧张，乳汁少了，宁儿吃不饱，不停地啼哭。赵一曼感到烦躁不安，处在正被敌人追捕的危险环境中，孩子的啼哭声特别容易引来敌人暗探的注意。而且，万一她带着孩子被捕，孩子也会跟着遭到敌人的折磨。此时，她真想横下一条心，把孩子抛到长江里，以免被敌人抓去活受罪。可是，当她在夜幕中抱着宁儿走上甲板，靠着栏杆，望着灰蒙蒙的江面时，宁儿突然一声啼哭。母子连心，这触动了赵一曼心中那柔软的母性，她心中一酸，想起了还在苏联的孩子的父亲，想起了自己曾经答应丈夫要把胖儿子交到他手中，想起了他们曾经憧憬的美好的未来……她实在不忍心抛弃孩子。她把宁儿紧紧抱在怀中，孩子感受到了母亲的关爱，哭声停了下来。

到上海后不久，赵一曼又于 1929 年 9 月被党中央派到江西南昌省委机关工作，她和一个姓王的同志假扮夫妻以应付环境。此时，赵一曼带着已经半岁多大的宁儿，倒真像一个美满幸福的三口之家。白天，赵一曼操持家务，提着篮子，抱着孩子去买菜。回来之后，洗衣做饭，收拾屋子。晚上，她和小王忙着抄写、油印文件，商量如何进一步开展工作。

有一天，小王去省委机关开会，深夜未归。

赵一曼一边处理文件一边焦急地等待着。正焦急的时候，小王突然回来了，他气喘吁吁地告诉赵一曼，“快走！出了叛徒，省委机关已被破坏，估计敌人马上就来了”。小王几步抢到床前，抱起熟睡的孩子，塞到赵一曼怀里，回头急忙去烧文件。赵一曼急切地问到底是怎么回事。小王神情严肃地只顾烧文件。赵一曼明白事情紧急，她本想着等小王一起离开。可是，前门已经响起了被砸倒的声音，敌人已经来了！她再也不能犹豫了，只好抱起孩子，急急忙忙地向外跑去。

这时已是冬季，凛冽的寒风吹在脸上，她竟不觉得冷，背上还在冒汗。她一直在拼命地跑，她要赶紧跑回上海，报告党中央，想办法营救被捕的同志。她不知道自己跑了多久，也不知道跑到了什么地方。一直跑到双脚十分沉重，实在跑不动了，这才停下来辨认一下方向。她发现旁边有一垛稻草，便一头扎进草堆里。直到天亮了，才从草堆里钻出来。宁儿饿得直哭。好在这时有一个农妇走来。赵一曼便请求这位农妇帮自己烤干了衣服，又煮了点饭吃了，农妇还找了一双鞋让赵一曼换上。

赵一曼恢复了些体力，谢了农妇，又上路了。

一路忍饥挨饿，好不容易到了赣江边，正好有运粮食的木船开往九江。赵一曼摸出陈达邦送她的银壳怀表给了船老板，搭船去九江。到九江后，她已经身无分文了。怎么办？在她的再三哀求下，几个船工看她可怜，用小木船把赵一曼母子送到开往上海的大客轮旁边。赵一曼抱着宁儿趁人多拥挤时钻进了客舱。在两天的航程中，赵一曼有幸得到一个去上海寻夫的中年妇女接济的馒头、烤饼等食物，才总算没有一直饿着。可是船到港口后，船老板要查票了。赵一曼没票，也没钱。船老板派了一个小茶房跟随赵一曼上岸拿钱。赵一曼无奈，只好领着小茶房走街串巷，试图寻机甩掉他。可是那小茶房跟得很紧，甩不掉。赵一曼看到怀里的宁儿，灵机一动，她扯了根稻草绾了个草圈，插在宁儿的脖子上，然后坐在街边上，叫卖孩子。如此一来，那小茶房见赵一曼确实拿不出钱来，只好回去了。

赵一曼历尽艰险，终于找到了党中央。带着孩子干革命、数次逃亡的艰难经历使赵一曼深深体会到，虽然在地下斗争中小小的宁儿有时能对党的工作起到掩护作用，但更多的是对工作的拖累和影响，带着一个小孩子，工作起来非常不便。而且，自己颠沛流离的生活对孩子的成长也极为不利。赵一曼想起在苏联时与丈夫陈达邦达成的共识，决定把孩子送到堂兄陈岳云家里抚养。

1930 年，赵一曼在党中央工作期间，见到了丈夫的妹妹陈琮英，姑嫂相见，分外欢喜。她向陈琮英讲述了准备把孩子送回陈家抚养的想法，得到陈琮英的支持。于是，1930 年 4 月的一天，赵一曼抱着宁儿来到照相馆，坐在高背藤椅上照了一张合照，这就是现在人们常看到的那张照片。没想到，这张照片，成了赵一曼和儿子唯一的合影，也是赵一曼留给儿子唯一的纪念。照片上，赵一曼梳着短发，美丽的面容，温柔宁静，充满了母性的光辉。宁儿则依偎在妈妈的怀里，好奇地看着这个世界。

虽然赵一曼对于与孩子分离，极为不舍，但是，为了党的事业，为了大多数人的幸福生活，也为了宁儿将来有一个和平安定的生活环境，她只能硬着心肠，忍痛把宁儿送出去。令她没有料到的是，这次送宁儿回湖南老家，竟是她与孩子的永别。

从苏联回国后，赵一曼大部分时间都是在做党的机关联络交通工作。其实从她的个性来说，并不喜欢做这个琐碎细密的工作，但她对待工作极为认真，毫不含糊，只要是党交给的工作，哪怕是最平凡的事务，她都认真、愉快地去做好。她明白机关工作的重要性，所以无论是在上海，还是在宜昌，或是在南昌，她总是认真地做好一个“家庭主妇”，以保护革命的顺利进行。所以，她每天都像一个真正的家庭主妇一样，提着篮子买菜，做饭、浆洗、缝补、拖地，这些琐碎的家务活，她都干得心安理得。她深深懂得，一个革命战士，必须以服从革命的利益为天职，党需要她做什么，她就要做什么。凭着她那一颗赤诚的心，她为土地革命战争时期党的事业的发展作出了突出贡献。

# 09 赴东北

九一八事变后，赵一曼被党中央派到东北工作。之所以派赵一曼等共产党员到东北，这是由于东北面临着严重的民族危机。

日本对中国的侵略，蓄谋已久。清朝末年，它就通过1894—1895年的甲午战争和1904—1905年在中国东北进行的日俄战争等侵略扩张行动，迫使清政府订立不平等条约，侵占中国台湾岛及其附属各岛屿、澎湖列岛，并把中国东北的南部地区强行划为自己的势力范围。日本在中国东北设立关东都督府、南满洲铁道株式会社、驻奉天领事馆等殖民机构，建立关东军，对东北进行全面的政治、军事控制和经济掠夺。但日本并不满足于对东北的实际控制现状，它的野心持续膨胀。1927年6月至7月，日本政府召开东方会议，制定《对华政策纲领》。会后，日本首相田中义一起草了一份奏折呈送天皇，即臭名昭著的"田中奏折"。东方会议和田中奏折，确立了先独占中国东北、内蒙古进而侵占全中国的扩张政策，赤裸裸地暴露了日本帝国主义灭亡满蒙、征服亚洲、称霸世界的狂妄野心。

1929年爆发的世界性经济危机，使日本受到猛烈冲击，国内阶级矛盾日益激化。日本统治集团更急于发动侵略中国的战争，以缓和国内矛盾，摆脱经济危机带来的困境。1931年9月18日夜，日本驻中国东北的侵略军——关东军自行炸毁沈阳北郊柳条湖附近南满铁路的一段路轨，反诬中国军队破坏铁路，并以此为借口，突然袭击中国军队驻地北大营和沈阳城。

面对日本帝国主义的野蛮侵略，当时掌握着全国统治权的蒋介石国民党政府实行"攘外必先安内"的不抵抗政策。九一八事变发生时，日军仅有1万多人，而驻守东北的张学良东北军却有十几万人。在蒋介石不抵抗的命令之下，除有一小部分东北军违反命令奋起抵抗外，其余均不战而退。9月19日，日军侵占沈阳，随即在几天内侵占安东

（今丹东）、海城、营口、辽阳、鞍山、铁岭、抚顺等 20 多座城市及其周围广大地区。在很短时间内占领了中国东北百万平方公里的大好河山。日本帝国主义为便于控制中国，把已被废除的清朝末代皇帝溥仪秘密接到东北，宣布成立溥仪“执政”的“满洲国”。日本及其卵翼下的伪满政权，对东北人民实行野蛮的法西斯统治。

日本对东北三省的大规模侵略强烈震撼了中国社会，处于国民党军队“围剿”之下的中国共产党扛起挽救民族危亡的大旗。中共中央和中华苏维埃共和国临时中央政府多次发表宣言，作出决议，号召工农红军和被压迫群众以民族革命战争驱逐日本帝国主义出中国。九一八事变成为中国抗日战争的起点，中国人民不屈不挠的局部抗战，揭开了世界反法西斯战争的序幕。

从中国共产党建立至九一八事变前，中国共产党在东北的力量一直较为薄弱。东北地区长期处于奉系军阀及日本帝国主义的严酷统治之下，党的组织经常遭到破坏，党的活动极为困难。九一八事变前后，为领导广大人民驱逐日本帝国主义出中国，中国共产党派出大量优秀的党团员到东北。早在1931年春，中共中央就派曾担任过政治局常委的罗登贤到东北，巡视、领导中共满洲省委的工作。中共满洲省委克服重重困难，发挥各地党组织和党员的积极作用，不断加紧在东北各地的工作。九一八事变爆发后，中共中央及东北地方党组织，揭露日本帝国主义侵略阴谋，批判国民党政府不抵抗政策，指明中国人民大众反日斗争的大方向，领导东北人民建立军队，抵抗日本帝国主义的侵略。赵一曼就是在这种大背景下被党组织派到东北的。

1932年，赵一曼来到沈阳。这时，她正式改名为赵一曼。初到东北时，赵一曼曾经写过一首诗，表达自己矢志抗日、保家卫国的决心。

誓志为国不为家，涉江渡海走天涯。
男儿岂是全都好，女子缘何分外差。
一世忠贞兴故国，满腔热血沃中华。
白山黑水除敌寇，笑看旌旗红似花。

满腔热血沃中华，赵一曼是这样说的，更是

这样做的。她的一腔热血，全都洒在了她深爱的土地上。

刚到沈阳时，中共满洲省委机关已因被敌人破坏而迁到了哈尔滨，所以，和赵一曼同时来东北的全国总工会领导人黄维新先去哈尔滨对接关系，赵一曼暂时留在沈阳中共奉天特委做妇女工作。起初，组织上安排她在大英烟草公司和纺纱厂搞工人运动。她通过工厂里的地下党组织了解到，工人们除了上班时间能在一起集体劳动外，其余时间都散居，没有一种能使工人集体活动和提高工人政治文化水平的组织形式。这样很不利于工人运动的开展。于是，她决定首先通过一些形式把工人组织起来。她指导工人组织足球队和识字班，提高工人身体素质和文化水平，加强工人的团结和训练。通过这些活动，从中发现和培养骨干分子，并吸收他们加入工会，加入共产党组织。她通过大量的工作，发展了十几名工会会员，还发展了几名党员。

在沈阳工作一段时间后，黄维新在哈尔滨与中共满洲省委接上了关系。根据组织安排，赵一曼离开沈阳，于10月间来到哈尔滨，担任满洲总工会秘书、组织部部长等职。

赵一曼来到哈尔滨后，面临十分严酷的环境。在日本帝国主义控制下，伪满洲国实行十分严酷的统治。“联保制”“良民登记制”等枷锁控制着广大人民。没有铺保，连房子都无法租到，许多人动不动就被当成“嫌疑犯”抓起来。在越来越严峻的斗争形势下，为了应付敌人的盘查，中共满洲省委安排赵一曼和满洲总工会书记黄维新组成“家庭”，开展党的地下工作。黄维新化名老曹，原来是个铁路工人，参加过著名的京汉铁路工人二七大罢工，有着丰富的斗争经验，曾被敌人逮捕，受过敌人的刑罚折磨，留下了伤，腿脚有点跛，行动不太方便。他们在南岗租了一所俄国老太太的房子住下。当局对外国人的待遇会宽松一些。他们是新来的住户，平时很少有邻居来串门，这里成为一个比较理想的秘密工作点。

白天，赵一曼以家庭主妇的模样上街买菜，回到家里做饭、洗衣服、操持家务，像一个能干的家庭主妇。老曹呢，白天就外出做工。在邻居眼里，这是一个十分普通、和谐的家庭。实际上，赵一曼他们担负着总工会的机关工作，抄写文件、刻印传单、对外联络等，工作十分繁忙。她还负责在烟厂、电车工人中从事救亡宣传工作。晚上，他们不顾一天奔波劳累，投入紧张的文件抄写、刻印等工作，一直工作到深夜。

为了加强抗日反满的宣传工作，赵一曼在党组织的安排下，与进步报纸《国际协报》的副刊编辑方未艾成为志同道合的好朋友。当时，方未艾是一个刚加入中国共产党不久的年轻同志，党性和思想觉悟还有待提高，没有读过多少马列主义著作，对于党内文件和宣传品也读得不多。对于来稿和自己写稿，都没有可信赖的人讨论，也不经谁审批，有时这个可利用的刊物所发表的作品不能完全合乎党的指示。在这种情况下，党组织让赵一曼担任方未艾的老师，帮助方未艾学习马列主义理论和党的政策策略。

于是，在当时的中共满洲省委巡视员金伯阳带领下，在哈尔滨的一个公园里，方未艾和赵一曼第一次见面了。多年以后，方未艾还清楚地记得第一次和赵一曼会面时的情景。

报社和公园都在新城大街（现尚志街）东侧，只隔一道横街，我们沿着人行道向北没有几分钟就走到了。只见假山坡下的一把长椅上，坐着一位青年女子，穿一身古铜色毛织的上衣和裙子，脚上是双绛色高跟皮鞋。她正在打开一个褐色的小手提包，望着里边的镜子，用手轻拢鬓边的短发。在我们走近她不远，她合上了小手提包，抬起头来，转向我们，脸上泛起亲切的微笑。她慢慢站起来，在我们走到她身前时，她先让伯阳坐，然后又让我坐。伯阳做了介绍，说她叫李洁，说我就是他和她讲过的《国际协报》副刊编辑。伯阳说，他称李洁为李大姐。她比我大一岁，我也称李洁为李大姐。从她的口音中，可以听出她是具有很重的四川乡音。多年后我才知道，这位李洁同志就是在1936年8月壮烈牺牲的赵一曼同志。

和方未艾联系上以后，赵一曼就经常到《国际协报》去找方未艾，给他讲授革命理论和党的政策策略。赵一曼真的像一个老师一样，不时地提醒方未艾集中精神，提出问题让他回答，还让他谈学习的体会。赵一曼不断地启迪方未艾的觉悟，谈话内容也更加广泛。除主要谈马列主义和党的政策策略，还谈人生、谈理想、谈民族的兴衰。在赵一曼的帮助下，方未艾思想理论水平有了很大提高。赵一曼还特别谦虚，她说自己学的革命理论，掌握的党的政策策略，一定不够完全，只是沧海一粟。她还让方未艾教自己学日语，因为在日本人占领的地方从事地下工作，学点日语是有用的。

在哈尔滨这样的敌人严密控制的大城市开展地下斗争，赵一曼表现出机敏果敢的特点。1933年夏季的一天，赵一曼和几个同志在哈尔滨江北太阳岛后边的一个俄罗斯人的房子里开会，表面装成是在打麻将。屋子里很闷热，但同志们只能紧闭门窗，悄声谈论。不料，房东的孩子在门外玩耍，把门给拉开了一条缝，恰好被敌人暗探发现，立即闯进门来。当时桌子上还放着一些文件、册子等，已来不及收藏起来。正在紧张的时候，赵一曼镇定自若，毫不惊慌。她把事先准备好的用黏米做成的稠糨糊一下泼在了特务的脸上，当时，这个特务就睁不开眼，张不开嘴了。大家一拥而上，把这个特务捆起来，扔到了松花江里。

在哈尔滨期间，赵一曼还参加领导了哈尔滨电车工人大罢工。哈尔滨是当时东北地区工人最集中的中心城市之一。在党的领导下，哈尔滨工人群众具有强烈的反帝反封建的斗争要求。在工人运动中，党号召罢工、罢市，组织示威游行，在火车站等人流大的地方粉刷“打倒日本帝国主义”等巨幅标语。1933 年 4 月 2 日，伪宪兵王文昌身着便衣上了一辆电车，电车售票员张鸿渔要他买票，这个宪兵平时乘车从不买票，认为丢了他的面子，恼羞成怒，掏出手枪把张鸿渔扭送到宪兵队，打了个半死，然后又抬回电车公司。而电业局得知这一消息后，不但不予同情和安抚，反而大骂张鸿渔，说他闯了大祸，要开除他。这件事激起电车工人的极大愤怒。

中共满洲省委决定利用工人们的反抗情绪发动斗争，组织工人罢工抗议。根据党的指示，老曹、赵一曼连夜到电车厂，指导电业局党支部行动起来。当晚就召开了党团联席会议，研究罢工的方法和步骤。接着，又召开司机车长大会，一致通过了罢工的决议。工人们一夜未睡，写标语，画漫画，刻印了《告哈尔滨市民书》，张贴在各条马路上，向全市人民说明罢工原因，呼吁各界市民支援电车工人。

赵一曼直接参加到罢工工人队伍中。她手提篮子，里面藏着传单，在经过电车站时，看到车站站满了正议论纷纷的乘客，她走到群众中对大家说："你们还不知道吧，日本人的狗汉奸把电车工人快给打死了，电车停开了。"她带领罢工工人以及参加到罢工行列中来的群众，从这个站步行到那个站，一路作宣传和动员。每到一站，都有很多等车的乘客加入。罢工的队伍越来越大，赵一曼不停地向大家发传单，鼓励大家坚持斗争。

这次罢工坚持了两天多，终于迫使日本领事馆接受了工人提出的赔偿医药费、惩办凶手等要求。赵一曼参加领导的哈尔滨电车工人的抗日斗争，在东北人民抗日斗争史上写下了光辉的一页。

# 10 参加领导珠河游击斗争

中国共产党在东北领导的反满抗日斗争使敌人惶惶不可终日，敌人疯狂搜捕和“围剿”共产党的地下组织。不少基层组织被破坏了，很多同志被捕惨遭杀害。1934 年春，中共满洲省委、省工会相继遭到破坏，和赵一曼一起工作的老曹也不幸被捕，赵一曼也成为敌人到处搜捕的对象。城市中的斗争环境越来越险恶，越来越难于开展工作。而农村广大区域则未被日军完全占领或虽已被占领，但敌人的统治力量比较薄弱。农村中的许多小股抗日武装迫切需要党的正确领导。

这时，中共满洲省委组织部部长何成湘找赵

一曼谈话，问她有什么打算。赵一曼表示要到游击队去，真刀真枪地和敌人斗争。何成湘担心她的身体，因赵一曼长期在艰苦的条件下工作，曾经得过肺病，到游击队后，如果犯了病，没有治疗的条件。但赵一曼毫不退缩，表示没有问题。于是，赵一曼告别了城市地下斗争，来到游击区。

九一八事变以后，中国共产党提出驱逐日本侵略者出东北、坚决进行抗日的正确主张，得到东北各阶层民众的支持与拥护。尽管国民党政府实行不抵抗政策，军队退回关内，但是东北广大民众和一部分东北军爱国军官，不顾南京国民政府的高压，冲破不抵抗政策的禁锢，组成反日义勇军、自卫军、救国军、工农义勇军、大刀会、红枪会等各种武装，揭竿而起，奋起抗日。在这些抗日武装兴起、组建和开展斗争的过程中，中国共产党给予了领导、支持与协助。中共中央和中共满洲省委采取多种措施，进行抗日义勇军的工作。以罗登贤为书记的中共满洲省委把工作重点转向农村，进行抗日义勇军的筹建等工作。派遣大批党团员到各部义勇军中，还从反帝大同盟、互济会、反日会等进步团体中选派骨干加入到义勇军中。

加强义勇军工作的同时，党还组织创建直接领导的抗日武装。1931 年 11 月起，中共满洲省委陆续派干部到各地方和义勇军中，协助当地党组织直接领导创建游击队的工作。满洲省委历届军委主要负责人杨林、周保中、赵尚志、杨靖宇、张寿篯等先后到磐石、宁安、巴彦、珠河、汤原等地从事创建抗日武装的工作，又派冯仲云、童长荣、李延禄等深入各地开展工作。他们紧紧依靠当地党组织，与当地党的领导人一道深入农村或加入义勇军，发动反日斗争，在斗争中培养工人、农民、知识分子骨干，夺取敌人的武器武装自己，创建党领导的反日游击队。

经党组织同意，赵一曼到珠河参加领导当地的游击斗争。珠河县（今尚志市）位于哈尔滨东南部，地处山岳地带，地势东高西低，耸立于县东部的张广才岭山脉横贯南北，有无数起伏的丘陵和茂密的森林。全县较长的河流是蚂蚁河及其支流东亮珠河，河流两岸土地肥沃，盛产水稻、玉米、大豆、高粱等作物。中东铁路东线横穿而过，把全县分成道南和道北两部分。县域内还有10条森林铁路，具备开展游击战争的便利自然条件。中国共产党较早就在珠河县开展活动。1930年10月成立中共珠河县委。九一八事变后，中共珠河中心县委根据中共中央和满洲省委指示，开展创建抗日武装的工作。1933年10月，在珠河县铁道南的三股流，珠河东北反日游击队宣告成立。赵尚志任队长，李福林任政治指导员。共有队员13人。珠河游击队成立后，积极开展对日、伪军警作战。游击区域不断扩大，游击队员不断增加。

赵一曼来珠河之前，给在哈尔滨的友人方未艾写了一首离别诗《赠友留念》：

世上多风云，人生有聚散。
今朝苦别离，他日喜相见。
友情和爱情，男女都看重。
言行不自由，两者将何用？

理论与实践，纷纷说短长。

一心为社会，万古可流芳！

正像她在诗中所表达的，“一心为社会”。是的，赵一曼把自己所有的一切都贡献给了社会，贡献给了人民。1934 年夏，赵一曼化装成一个农村妇女，离开哈尔滨赶赴珠河。同行的还有工人老魏，海伦三三医院院长、医生张险涛。按照正规路线，本应从哈尔滨上车，但由于敌人搜查很严，改由香坊小车站上车。赵一曼随身携带洗面盆一个，内装洗漱用具及皮鞋；小提箱一只，装着破烂报纸和旧书籍，并装了一条又腥又臭的咸鱼，旁边放有几个烧饼。同行的张险涛不明白她为什么在这么热的天里带臭咸鱼。经过敌人重重盘查到达珠河根据地后，才明白了，原来这些破烂报纸里包的都是党的重要指示文件，而那条臭咸鱼就是应付敌人细密检查的。

到珠河后，赵一曼担任中共珠河中心县委常委、县委特派员和妇女会的负责人。先是在珠河铁道南三股流做妇女工作，后来又到铁道北工作，曾任道北区委书记。在根据地，她广泛发动群众、建设和保卫珠河根据地、支援珠河游击队打击敌人，做了大量的工作。她白天走村串户，帮助老百姓干活，晚上召集群众开会，进行抗日救国宣传。当时，因为赵一曼个子瘦小，群众都亲切地叫她“瘦李子”（赵一曼化名李洁），随着抗日活动的不断深入和扩展，“瘦李子”的名声越来越大。出主意、作决策都少不了她，她渐渐成了抗日群众组织的主心骨。在赵一曼和同志们的努力工作下，珠河铁道北的工作成果显著。据当时任满洲团省委特派员、经常与赵一曼在一起工作的韩光回忆，当时满洲省委巡视员在给省委的报告中说：“道北一般比道南好，特别是五区一带，几个月来工作比较深入，相当的巩固及发展。农民自卫队有3000人，那里群众也比较团结。”省委巡视员对道北地区工作的高度评价，也是对时任道北区委书记赵一曼工作的充分肯定。

珠河中心县委机关设在三股流，地处珠河县南部的莽莽大山里，这里交通闭塞，民风淳朴。

从哈尔滨大城市来到农村，对赵一曼是一个严峻的挑战。她的家乡是四川，对于南北方的气候和饮食差异，在哈尔滨大城市工作时，她还没有感觉到太大的差别，但东北农村就极其不同了，且不说恶劣的气候，经常大雪封门，行动不便，就说每天要吃的饭食，东北农村居民的饮食一般是高粱米、玉米面、玉米糙子，赵一曼喜欢吃大米，饮食习惯有着极大的不同，但这些都不能难住她。她和当地老百姓同吃同住，从不叫苦叫难，以刚毅的勇气战胜一切困难，与群众打成一片。她一面在群众家里帮助妇女烧火做饭，看孩子，做家务，一面宣传抗日救国的道理，很快组织起了抗日妇女会，领导妇女们给抗日游击队做衣服、鞋子，送情报，送给养，站岗放哨，支援游击队打鬼子。赵一曼带领珠河妇女，在抗日游击斗争中，起到了半边天的作用。

赵一曼还充分发挥自己文化水平较高的优势，教当地群众唱革命歌曲，她还自编了一些痛骂国民党当局的歌谣教大家唱。如“国民狗党真可恨，出卖中国；东卖与日本去，西卖与意法德……”

教少年儿童唱，“通红的火炉，烤干尽了我们的血汗，我们的权利被他人侵占；可是在这中间，锻炼出许多战斗员。我们是工人和农民的少年先锋队……”

对于广大青年，她教他们唱《告青年歌》，“告吾青年，奋起即赴前线，看整天工作劳苦不够吃穿，捐税旱涝遭兵劫，饥寒交迫不得安。恨帝国主义狗军阀，又把祸来添。屠工农，飞机多……”

她还给大家讲世界第一个社会主义国家苏联的革命故事，自己也爱哼唱在苏联读书学习时学的曲子，“卡门柱斯杜娘啊，杜娘本是玫瑰花，玫瑰花啊初发芽……”

这些歌曲，表现出赵一曼对革命胜利的信心，对光明未来的向往。

赵一曼组织群众帮助游击队运送武器。当时，游击队十分缺少枪支弹药，有一次，地下党组织通过各种关系，从伪军手里买了十几只短枪和一批子弹。但由于敌人盘查很紧，一直运不出城。赵一曼主动接受了这个任务。她带了一个姑娘化装进城。她们用油纸和油布将枪支里三层外三层地包扎严实，然后找来一辆马拉的大粪车，把包扎好的枪和子弹装进箱里，再灌进粪水，盖好箱盖。她和另一位姑娘跟着押车。当大粪车经过敌人哨所时，日本兵和伪军被扑鼻的大粪臭味熏得捂着鼻子，连看也不想看，反而让车快点走。就这样，她们顺利通过了各个关卡，到了山里，把枪和子弹交到了游击队员手中。

赵一曼不但参加运送武器，还参加从敌人手中夺取武器。从她们驻地三股流通往帽儿山车站的公路上，每隔五六里路就有一个伪警察哨所，每个哨所有五六个警察和一台电话。县委的雷炎同志几次和大家研究商讨，怎么样能搞到这些哨所里的枪弹来武装自己，研究了几次都没有想出好的办法。赵一曼知道这件事后，想出一条妙计。她让在前面直接摸岗哨的人腰里带上个灌进水打上气的胶皮球囊，接近敌人时，如敌人没发现，就先把门口岗哨搞掉，直接进去。若被发现，就蹲下装作解大便的样子，将腰里的球囊一按，发出“嗤嗤啦啦”好像拉肚子的声音，待岗哨放松警惕，就立即扑上去干掉他。他们选了一个月黑风高的夜晚，按照赵一曼的计策，雷炎带着几个游击队员，手里拿着菜刀，腰里系着胶皮球囊打先锋。赵一曼带着另一部分人骑马随后接应，将前面人员夺得的枪迅速运走。这一晚，干得非常顺利，一夜之间解决了五六个哨所，缴获了不少枪支弹药，为游击队解决了急需的武器问题。

赵一曼善于识别干部，革命的原则性很强。她能够从一些小事中判断出一个人的发展方向，革命意志是不是坚定。这一点清楚地表现在她对叛徒兰志渊的早期判断上。1934 年 10 月下旬，由县委负责人兰志渊带领游击队第二次攻打五常堡。这个兰志渊是哈尔滨电车公司的科室人员，在赵一曼于哈尔滨领导电车工人大罢工时，他曾受到赵一曼的领导和培养教育，后来参加了游击斗争。可是枪响后，兰志渊却恐惧动摇，丢下队伍逃跑了。结果另外两个大队长姚万春和老马坚持战斗，带头冲锋，但都身负重伤。在这种情况下，赵一曼发动担架队，冒着敌人的枪炮，冲上去抢救出两个大队长和其他伤员。但这两个大队长却因伤势过重，还没有坚持到进入根据地就牺牲了。面对战友的牺牲，赵一曼失声痛哭，她悲愤交加，向县委提出处分兰志渊带头逃跑的责任，结果县委并没有处分他。但赵一曼坚持自己的看法，她说这个人在哈尔滨时就滑头滑脑的，不是一个可靠的人。后来事实的发展果然证实了赵一曼的敏锐判断，这个兰志渊果然叛变了。直到1957年，公安部门终于将他逮捕归案。

游击根据地紧张繁忙的工作加上恶劣的自然环境，导致赵一曼的肺病犯了，脖子上还长出疖子。她只好住进了游击队的流动医院治疗。游击队医院的条件非常简陋，在敌人的严密搜查下，并没有固定的处所，经常转移。赵一曼住进去时，医院有十几个伤员，只有一个医生和一个助理。赵一曼主动担负起护理工作，给伤员洗头、洗衣服、补衣服、换药、做饭等。有时，她也给伤员上政治课，教他们唱歌，还参加站岗放哨等工作。

在敌人严密搜查的地区，医院不可避免地要经常转移。据当时医院的医生张险涛回忆，有一次，医院准备从二道河子向四方顶子山移动，山离车站远一些，离白区也比较远，所以当时大家都愿意到四方顶子。可是赵一曼却主张到鸡爪顶子，因为敌人在鸡爪顶子一带已经搜查过，可能敌人已经不注意这个地方，而且鸡爪顶子地形较险，由四方下去也还安全。但医生张险涛认为，鸡爪顶子离敌人近，说不定去了会被抓活的。不过大家觉得赵一曼是老干部，对敌斗争经验丰富，就相信了她。结果，到了鸡爪顶子山顶的庙里，赵一曼动员两个老道，拿出了小米等很多食物给伤病员吃。第二天，听说敌人已到了二道河并立即包围了四方顶子，搜查了一个星期左右，毫无所获，只好撤回。这时，赵一曼又带领大家回到四方顶子，一直安全住了好些日子。经过这次事件，大家都很佩服赵一曼有胆有识，善作决策，更加信任她了。

在医院时，还有一次危险的经历。有一天，医院刚刚转移到一个屯子里，敌人就来了，包围了所在的村庄，已经来不及再转移。赵一曼急中生智，她看到屯子里有大片的“大豆铺子”（指刚收割下的大豆，一排一排放在垄台上），立即指挥伤病员藏在“大豆铺子”里。她和医生张险涛各拿一支枪趴在伤员前面。做好了和敌人同归于尽的准备。敌人的声音越走越近，张险涛当时因为刚背伤员，手臂累得发抖，把豆铺子搞得沙沙直响。赵一曼赶紧按住他，叫他别动。敌人把屯子烧了，草草搜索一番，就从大家藏身的“豆铺子”前面走了过去。等敌人走远了，大家都按捺不住惊恐后的喜悦，对着赵一曼流出了感激的泪水。在当时敌人猛烈进攻下，医院没有垮，还保护了伤员，这跟赵一曼有很大关系。

赵一曼在医院时，正赶上赵尚志司令员手腕被打穿负伤，也在医院治疗。当时的医疗条件只有用纱布条蘸硼酸水消毒。赵一曼脖子上的伤也是用纱布条塞进去消毒，换药的时候非常疼。经常一换药，赵尚志就会跟赵一曼说：“小赵，比比看谁怕痛？”赵一曼说：“你不痛，我也不痛。”他们顽强地与病痛作斗争的革命乐观主义精神，极大地鼓舞着其他伤病员和医院的工作人员。

在珠河工作期间，赵一曼还有一次被捕后感化伪军官的经历。1934 年 12 月 6 日，正在铁道南“讨伐”的伪军一个连，突然闯进四方顶子山下赵一曼居住的小屯子里。而赵一曼因为太疲劳睡着了还没有醒来。房东大娘急忙把她摇醒，口里着急地喊着：“瘦李，瘦李，快起来，鬼子来了！”赵一曼从梦中惊醒，忙把一捆文件塞到炕洞里，抽转身往外跑。刚跑到村口，猛然想起区委宣传部部长周伯学还在村东头群众家里，他两眼高度近视，万一没出村怎么办？于是她又跑了回去。刚跑到村口，就被两个伪军拦住，问她是哪家的。赵一曼说是东头李家的。但她一张口，浓重的四川口音引起了伪军的怀疑。伪军再进一步逼问，赵一曼便不再说话了。一个伪军向她脸上打来，赵一曼赶紧躲闪，结果，头上的假发髻掉了。她被捕了。

第二天，伪军带着赵一曼和同时被捕的其他人回乌吉密镇。路上，赵一曼不失时机地向带队的伪军张连长宣传抗日救国的道理。她开导伪军连长：“你毕竟和我一样，都是中国人。现在让你们反戈抗日，可能难以做到。但我希望，除了在战场上我们兵戎相见，死伤难免外，你们绝不可对手无寸铁的自己同胞抢、杀、烧，更不可把自己的同胞抓住交给日本人。不能双手沾满同胞的鲜血向日本人请功受赏。为人做事要想着自己是中国人。至于对我，要杀要砍，由你连长下令，但我决不死在日本人手里。”

赵一曼这一番大义凛然而又洋溢着爱国激情的话深深打动了伪军连长。他当即对赵一曼说出了心里话：“俺虽当了伪军，但到底还是个中国人，并不愿意为日本人卖命。”他还说起在一次搜山时故意放过了赵尚志和韩光的事情。“前些日子跟日本人搜山，我连负责四方顶子地区。我已发现赵尚志和小孟（韩光当年的化名）治伤的窑洞，可我命令部队离开了，不许他们在那条山沟里活动。请你转告赵尚志同志，希望你们共产党到将来成功的时候，能记得 1934 年冬天在乌吉密南山区，有过一个你们的朋友张连长就行了。”这个连长还说道，现在不能把赵一曼他们几个人放回去，因为现在还不安全。敌人的搜山还未结束，等大规模搜山结束后，再放赵一曼他们回去，那时就安全了。

就这样，伪军连长深深地为赵一曼所折服。他非常感叹，连连说共产党里真有人才。赵一曼他们几个人被带到镇上一个和党组织有联系的爱国商人家里。1935年1月，伪军撤离后，赵一曼就被放回来了。

赵一曼群众关系很好，走到哪里都有大队男女老少跟着。与同志们在一起的工作、生活中，赵一曼经常和大家聊天，但她从不谈论儿女情长的生活琐事。以至于在东北根据地时经常和赵一曼一起工作的同志，竟然是在她牺牲后才从她留下的遗书中知道，她还有个儿子叫宁儿。赵一曼最喜欢谈的是历史上的女中豪杰、巾帼英雄。当谈到王昭君为民族团结出塞和亲、女历史学家班昭继承兄业编撰《汉书》的历史佳话时，她曾豪迈地说："可见男人能做的事，女人也能做到。"她推崇南宋抗金女将梁红玉和丈夫韩世忠并肩在疆场拼杀，成为著名的抗金英雄的故事。她赞扬女革命家秋瑾的革命英雄主义精神，她最为称道和尊敬的是我们党著名的无产阶级革命家、早期妇女运动的领导人向警予。她特别爱和大家讲向警予在狱中与敌人顽强斗争，直至英勇就义的光荣事迹。这些言谈使人感到，赵一曼不是一个普通的女子，她是一个胸怀壮志、矢志于拯救民族危亡、忠诚于共产主义事业的革命者，是一个意志坚定、满怀革命豪情的“奇女子”。

# 11 解救细菌战受害者

赵一曼不但把珠河地区的群众发动起来支援抗日，她还曾经冒着很大的危险解救日本细菌战中的受害者，从日军杀人工厂731细菌战基地救出几个中国百姓。

九一八事变后，日本占领东北，成立伪满洲国，立即着手准备建立细菌战部队。1933年8月，由军医大尉石井四郎带领，秘密地在哈尔滨市南岗区宣化街与文庙街的中间地带设置“石井部队”，即细菌武器研究所，代号第731部队，化名“加茂部队”“东乡部队”，或“关东军防疫给水部”，并在郊外70余公里的背荫河设置细菌武器实验场。

## 链接

日本的细菌战部队，是披着“防疫”外衣的特种部队，担负着日军自身的防疫和对“敌国”实施细菌作战的双重任务。它是日本帝国主义侵略政策的产物。日本要实现征服中国、称霸世界的目标，但遇到了资源和兵源不足的困难，于是将目光转向了细菌战、毒气战等阴谋。第一次世界大战后期，日本就开始了细菌战研究。九一八事变后，为了准备扩大侵华战争及对苏作战，日本军部批准军医大尉石井四郎的请求，在我国东北地区建立关东军防疫给水部，代号第731部队。同时建立关东军兽类防疫部，代号第100部队。这两支部队在中国东北地区就地使用中国人、畜进行细菌武器实验，至1937年七七事变日本发动全面侵华战争前，日军已经有能力以细菌战配合全面侵华战争。七七事变后，随着日本侵华战争的扩大，1938年至1939年前后，在华北、华中、华南相继建立起三个大规模的细菌战基地，即日本华北派遣军防疫给水部，代号“北支”（甲）第1855部队；日本华中派遣军防疫给水部，代号“荣”字第1644部队；日本华南派遣军防疫给水部，代号“波”字第8604部队。1942年5月，日本侵略者又在马来亚建立南方军防疫给水部，代号“冈”字第9420部队。

日军的背荫河细菌武器实验场，因由日军军官中马大尉管理，因而得名“中马城”，是一座与世隔绝的秘密的活人细菌实验的城堡。四周是3米多高的围墙，围墙四角有坚固的炮楼，墙顶上架设两道铁丝网、一道高压电网，围墙外还有两米多宽的护城壕。从东北各地秘密运来的中国人被关押在这里，绑在地下室墙壁的铁钩子上，日本军医在他们身上进行各种细菌实验，解剖观察，最后将尸骨在炼人炉里焚烧。

背荫河地区距离赵一曼所在的根据地不远。

游击队员发现经常有日本兵把人送到这里，于是赵一曼就率农民自卫队员悄悄地过去打探情况。有一天，赵一曼又和几个游击队员在背荫河地区侦察时，正好看到有10个人突破了包围网跑出来，刚触电网，就有一个人被电死了。其余9人全身浮肿，面无血色。赵一曼他们冲上去向里边打了一阵枪，乘敌人没有弄清情况稍有迟疑的时候，赶紧把这9个人背回了根据地，送到流动医院治疗。

在这些被救回的群众治疗期间，赵一曼天天给他们送饭送药，了解相关情况。原来这些人都是寻常百姓，有的是被日军当“犯人”抓来的，有的是被日寇“圈街”圈来的。日本侵略者经常在各城镇街道，把人赶到一个院子里逮捕。先是把他们押到哈尔滨监狱毒打，之后，再把他们从监狱中提出来，运到背荫河这个杀人工厂。这几个受害者介绍说，这个工厂里边修了数百间房子，窗户都是铁的，人在里边看不到外边。房子里有无数的铁笼子，被抓来的人装在铁笼子里，接受日本军医各种惨无人道的细菌实验。日寇为了获取健康的“实验品”，给被抓来的人一天三次粳米饭和白面馒头，但不给他们吃盐。三天一次用玻璃管子抽血，每次抽一茶碗。还用一根胶皮管子伸到人肚子里，往外抽肚子里的东西。几天一次用小刀刮耳朵。“犯人”身体好的，可能会被抽十五六次血，身体不好的，抽个八九次就撑不住了。身体不行了的“犯人”会被日本兵拉出去打针，每天都有人被带出去，再不会回来。这几个人不愿白白送死，于是就趁着日军在一个中秋节的夜晚正吃喝作乐，放松了对这些“犯人”的看管时，想办法打死一个日本看守，抢了钥匙，打开牢房门跑了出来。

## 链　接

日本侵华细菌战导致中国人口伤亡简况：根据《抗日战争时期中国人口伤亡和财产损失调研丛书》之《日本侵华细菌战研究报告》一书（中共党史出版社 2016 年版）统计，依据现有资料和成果，在日本 14 年侵华战争期间，日军防疫给水部队在中国大陆对 20 个省市实施了细菌攻击，疫情暴发蔓延290多个市、县、旗，造成传染病患者230多万人，其中死亡者约65万人。但现有档案记录的日军细菌战造成的中国受害死亡人数，是很少的一个数字，不足实际受害者的四分之一至六分之一。因此，日军14年侵华战争细菌战造成中国受害者的实际人数有数百万之多，死亡者约200万人。日本侵华细菌战造成的疫情到新中国成立后才得以完全控制。

等这些人身体好转后，赵一曼召开群众大会，让他们现身说法，以亲身经历揭露和控诉日寇的血腥罪行，对群众的教育作用很大。后来，这几个人都参加了抗日队伍，有的还成为领导骨干。

## 12 红枪白马

赵一曼不仅担任地方党组织领导职务，发动人民群众配合并参加抗日斗争，她还担任了东北人民革命军第三军军队中的领导职务，拿起枪直接与日寇战斗。

在赵一曼主要活动的珠河地区，1933 年 10 月成立珠河东北反日游击队，赵尚志任队长。这是哈东地区建立的一支由中国共产党直接领导的抗日武装。1934 年 6 月，以珠河反日游击队为骨干，收编自愿加入游击队的抗日义勇军，成立了东北反日游击队哈东支队，由赵尚志任司令，下编 3 个总队，成为一支由中国共产党领导、具有统一战线性质的抗日部队。1935 年 1 月，东北反日游击队哈东支队改编为东北人民革命军第三军。全军共 500 余人，由赵尚志任军长兼第一师师长。这些不断发展壮大的抗日队伍活跃在珠河地区，取得一系列战斗胜利，狠狠打击了日本侵略者，队伍不断发展壮大。1935年9月，为适应新的斗争任务的需要，东北人民革命军第三军部队进行了扩编，在原有3个团的基础上，新组建了第四、第五、第六3个团，全军共750余人。部队扩编不久，赵一曼由道北区委书记兼任第二团政治委员，成为中国共产党领导的抗日队伍的领导干部。

赵一曼担任团政治委员的第二团有很大一部分力量是她在担任道北区委书记期间组建的地方部队。赵一曼1935年春担任道北区委书记，由于当时东北人民革命军第三军的部队不经常驻守地方，道北地区没有正式的抗日部队活动，敌人经常到这里骚扰。为了保护地方组织和群众，赵一曼发挥自己曾经在黄埔军校武汉分校学过军事的特长，很快就组建起一支20多人的农民武装自卫队。他们用大刀、土枪、土炮、红缨枪等作武器，天天训练，保家卫民。赵一曼带领这支队伍多次打击日本侵略军，配合正规部队作战，当

地部队和老百姓都称赞她是“文武双全的女指挥”。当时沈阳出版的《盛京日报》，还有《哈尔滨日报》《大北新报》等都有关于赵一曼的报道：“共匪女头领，赵一曼红枪白马猖獗于哈东地区……”

赵一曼与第二团团长王惠同一起，带领第二团在珠河、五常一带坚持斗争，在极为艰苦的环境中打击日伪军。在日伪当局的恐怖统治下，东北抗日部队的生存条件极为艰难。日伪当局为配合其对各地抗日武装的军事“讨伐”，从1933年开始推行“集团部落”政策，强迫农民离开自己的家园，集中居住，目的是切断人民群众与抗日部队的联系，使抗日部队无法生存。日本侵略者为使东北成为其永久性的殖民地和继续扩大侵略的基地，动员大批日本军警现役或退役人员充塞到伪军、警、宪、特、政各个殖民统治机构任职，还策划由日本向东北实行武装移民。日本侵略者在东北实行经济侵略、推行奴化教育，摧残中国人民，“讨伐”抗日队伍，东北人民生活极为困苦，东北抗日军队的活动条件也极为艰难。

## 链 接

集团部落，实际上是集中营。日本侵略者在选定的地址，强迫农民在部落外四周掘壕注水，同时在壕外侧架铁丝网，内侧筑起很高的土墙。初期的“集团部落”规模很小，每一边长 100—200 米，四周设置炮台。在“集团部落”内，中心设伪警察派出所和村公所，用以监视居民。每一“集团部落”可容纳 50—100 户。居民出入须持有身份证明；农民从事生产活动也限制在距“集团部落”不远处。发现有“抗日反满”和援助抗日军队者，便予以严厉“制裁”，甚至处死。日伪当局实施这种反动政策，使各地抗日武装和抗日游击根据地遭受严重破坏，抗日部队和人民群众的联系被阻隔，其生存和发展受到严重威胁。

赵一曼带领第二团的战士们，在密林雪野中与敌人周旋，不断打击敌人。1935 年秋天，日寇为了消灭我抗联第三军，大肆向珠河游击区进行疯狂“讨伐”。当时驻珠河县的日伪军，每天的任务除进攻抗联部队外，另一个任务就是焚烧居民的住宅，道北区大多数的屯子都被敌人烧光。由于根据地遭受严重破坏，第三军主力部队很难留在原地活动，县委会议决定，第三军司令部率主力部队向延寿、方正、依兰、勃利、汤原一带远征，开辟新的游击区。赵一曼与第二团团长王惠同率领第二团和第三团留在原地开展游击战，钳制敌人兵力，策应主力部队。

由于根据地被破坏，部队的生活非常艰苦。赵一曼与战士们同甘共苦。她经常教育战士们：咱们再困难也不能违反群众纪律，老百姓现在也够困难了，咱们不能随便拿群众的东西。有一次，他们来到侯林乡的一个屯子里吃饭，通讯员知道赵一曼一直身体不好，就借房东温喜良家的一个粗瓷大碗，给她盛了一碗伤号吃的高粱米饭。赵一曼没有吃，她知道部队已经断粮，悄悄把饭倒了回去，盛了半碗战士们吃的青菜粥。炊事员看见了，没有吭声，但眼里却含着泪水。赵一曼用过的这只大碗，上边有个“福”字。赵一曼牺牲后，温喜良家一直珍藏着这只碗，把它作为传家宝。解放后，这只碗成为革命传统教育的好教材，群众都叫它“幸福碗”，以纪念赵一曼等先烈用自己的生命换来的今天的幸福生活。后来，这只碗被送到东北烈士纪念馆陈列展出。这只碗的故事还被选入了小学的课本，伴随着一代代青少年的成长。

敌人得知第三军司令部已远征，根据地只留下第二、第三团坚持原地战斗，更加紧了“围剿”。1935 年 10 月下旬，第三军第二团在小九站南方凉子山附近遭伪军第二十三团夜袭，双方交火数小时，第二团迅速转移；继而在黑龙宫附近八里岗与日军伊藤部队发生遭遇战，互有死伤。赵一曼和部队被围困在密林中。东北的冬天，大雪填满了山沟，十几天后，部队储存的粮食已吃光了。战士们只得去打熊、打野猪、搜树洞，能找到什么就吃什么。在日本帝国主义“集团部落”政策下，游击区老百姓的房屋被烧光了，战士们几乎无法得到群众的支持。不但没吃的，同样没穿的。为了御寒，赵一曼鼓励战士们想办法，寻找可以御寒保暖的东西。战士们有的围着生熊皮，有的披着野兔皮，在破了的裤腿上绑上树皮，扎上葛藤。为了鼓舞士气，赵一曼和战士们围着火堆讲故事，教战士们跳乌克兰舞。她带领战士们唱：“天大的房子，地大的坑，火是生命，森林是家乡，野菜是食粮……”

随着日伪军不断加强搜山的力量，11 月 15 日，赵一曼和二团 50 余人在路北五区春秋岭被日、伪军警横山、冈田等部 500 余人重重包围。二团战士们在王惠同、赵一曼的指挥下，坚持战斗，打退了敌人一次又一次进攻，击毙日军机枪队长大谷清一等 3 人，击伤日伪军 30 余人。但敌人还在继续围上来，赵一曼同团长王惠同决定突围。赵一曼坚决要求自己带一个班掩护，让团长带其他战士和伤员突围。她把留下担任掩护的十几个战士召集在一起，分配好各自位置。接着在山头上燃起一堆堆篝火，迷惑敌人。

敌人再次开始猛烈地进攻，战士们一个个都倒下了。敌人越来越近了，子弹也越来越密集地向赵一曼所在的位置打过来。突然，她的左腕一阵剧痛，负伤了。她忍痛向敌人扔出最后一颗手榴弹，滚下了山崖。

# 13 坚贞不屈

赵一曼从山崖上摔到了下面的山沟里，醒来后，她发现自己摔得浑身酸痛，只能挣扎着往前爬。她先后与负伤的战士老于、区委宣传部部长周伯学、16岁的妇女会员杨桂兰、交通员刘福生遇到一起，他们一起来到小西北沟的一间窝棚里藏身。

这时，敌人知道我军已被打散，一定有潜伏在周围的战士，所以正加紧搜山。几天后，当地伪百户长、反动地主廉江进到西北沟，发现半山腰的小窝棚里有烟气，知道那里一定有人。当时在敌人"集团部落""归屯并户"的政策下，原本住在山里的老百姓都被撵下山圈进了屯子里，所以如果山里发现有人，就一定是抗日人员。这个汉奸为了得到一点儿赏金，丧失了中国人的良心，他急忙去报告日本特务。特务们带领搜山队包围了赵一曼藏身的窝棚。

当时，交通员刘福生正准备出去探听消息，他刚走出门，敌人就开了枪，他当时就牺牲了。听到枪声，赵一曼赶紧让杨桂兰烧毁文件，她和其他人向敌人还击。战斗持续了两个小时，赵一曼的子弹打光了。战士老于想冲出去引开敌人，刚跑出去两步就中弹倒下了。赵一曼想要冲出去救他，突然一颗子弹飞来，打中她的左大腿。由于敌人用的是七九步枪子弹，伤口炸开很大，鲜血直流。他们都被敌人抓住了。这一天，是 1935 年 11 月 22 日。

敌人抓住了赵一曼、周伯学、杨桂兰 3 人，放火烧了窝棚。赵一曼因重伤不能走路，伪警察到沟外屯子里叫了 4 名群众，用一架破梯子抬着她。杨桂兰跟在旁边，不停地抹着眼泪。

“小杨，坚强些。”赵一曼鼓励她说。

“不许说话！”伪军叫喊着。

“这个姑娘是我找来伺候我的，她是好老百姓，你们不应抓她。”赵一曼这样说道，她知道自己这次凶多吉少，于是暗示小杨编口供，想办法帮小杨出去。

把赵一曼抬到山外，敌人把她放到牛车上。这时，她的衣服已经被血浸透了。由于流血过多，她脸色苍白，浑身虚弱。但她强忍着疼痛，一声不吭。到天黑了，敌人才赶着牛车进了城。一路上一言不发的赵一曼突然猛地直起身子说："同志们，抬起头来，让人们看看咱们抗联战士的硬骨头！"接着，她对街上的群众用力高喊："打倒日本帝国主义！""推翻满洲国！"战士们也一起喊着。敌人害怕了，一边用枪托打他们，一边驱赶着街上的群众。

这个时候，哈尔滨的日本情报机关为了寻找中国共产党"搅乱"伪满洲国的事实，加强了对东北地区情报网的控制。伪滨江省公署警务厅召开了所属 27 个县的警务指导官会议，时任哈尔滨伪满洲国滨江省公署警务厅特务科外事股长的大野泰治提议，对捕获的抗日干部应进行更加彻底的审讯。这就导致赵一曼这次被捕后，直接落到了日本人手中。

赵一曼被俘后，敌人先是在伪珠河县公署对她进行严厉审讯，正在珠河的日本人大野泰治直接对她进行审讯。敌人妄图从她口中得知东北的共产党组织和抗日军队的更多消息。

大野看到赵一曼伤得很重，担心她马上死掉，得不到口供，这样就失去了重要的情报来源。他急忙走到赵一曼身旁，叫喊道："起来！"赵一曼从容不迫地、冷冷地抬起头瞪着眼看着这个可恶的日本侵略者。

看着赵一曼那令人望而生畏的面孔，大野泰治这个刽子手竟然情不自禁地倒退了两三步。

大野发现赵一曼不是个容易对付的中国女性，他让伪珠河县的首席警务指导官远间重太郎找一个合适的场所审问赵一曼。远间和人商量后，决定把赵一曼和杨桂兰关在县公署拘留所旁边的一间马料房里。赵一曼叮嘱杨桂兰，就说自己是赵一曼找来伺候养伤的，别的什么都不要讲，一切由赵一曼自己承担。

这时，敌人对赵一曼的身份并不清楚。大野连夜审讯，赵一曼对自己的姓名、年龄、籍贯、职业等态度坦然地进行了回答。当被问到关于赵尚志部队的事情时，她回答："关于抗日联军的事，我不知道。”

大野又问她是不是共产党员，在党内是什么地位。她回答说，和共产党没有关系。大野又问她，为什么进行抗日活动？这时，赵一曼义正词严地控诉了日本侵略者的罪行。她说：“我是中国人，日本军侵略中国以来的行动，不是几句话所能道尽的。如果你是中国人，对于日军目前在珠河县的行动将怎样呢？中国人反抗这样的日军难道还用得着解释吗？我们中国人除了抗战外，别无出路。”接着，赵一曼对日本侵略者散布的“日本军是保卫中国不受他国侵略”“王道乐土”“日满一德一心是‘兄弟之邦’”等谎言进行了有力的揭露和驳斥。

赵一曼在说这些话时，激动愤慨，理直气壮，她一条一条历数日本侵略者的野蛮罪行，有条有理，滔滔不绝，完全不像一个身负重伤的人，审讯者大野泰治理屈词穷，无言以对。只能对着赵一曼吼叫：“别扯这些闲话了，老老实实地回答问题。”

初次审讯，大野没有从赵一曼口中得到他想要的东西。大野出来和远间商量对策，然后又去继续审讯。这次，赵一曼转守为攻，她要先想办法把和她一起被捕的小姑娘杨桂兰救出去。还没等大野开口，赵一曼就说："这个姑娘是我临时藏身的那户农民的孩子，当时因为吓慌了，才同我一道往外跑，没有必要把她拉到我的案子里来，而且她的家里肯定在惦念她。请你们把她放回去吧！"大野本来想着把这个姑娘单独关押，但又担心赵一曼无人照顾会很快死去，所以他决定还让小杨继续看护赵一曼。

大野看问不出什么东西，有些恼火，他用马鞭子抽打赵一曼手上的伤口，又用鞭子戳赵一曼腿上的伤口。赵一曼怒瞪着这个狠毒的侵略者。目睹赵一曼受刑的杨桂兰心如刀绞，她看不下去了，跳起来护着赵一曼。大野叫警察把小杨姑娘拉出去，然后狞笑着说："看样子你有点发火了吧？我不是为了听你那套话来的，你不说，我也会让你说出来的。你先把你的共产党的身份说一说吧！"

面对大野的毒打和威胁，赵一曼从容回答："我没有什么中共身份，强迫一个人说自己不知道的事情，未免太蛮横了吧？你说我是共产党员，你把证据拿出来！"大野恼羞成怒，用马鞭子对赵一曼狠狠地抽打，赵一曼咬着牙不吭一声。

第二天，大野又对赵一曼进行了多种手法野蛮残酷的刑讯，他像一头野兽一样，发疯似的叫喊，要赵一曼交代。但革命者的意志不是敌人的酷刑可以摧得垮的。赵一曼在极度的痛楚中，仍在痛斥敌人："与其喊叫，要我别隐瞒自己的行动，倒不如用这里的事实来说明什么是正当的，什么是不正当的。比如，不管你们抱着什么目的，给负伤的人治疗，总是正当的，可是对一个重伤的俘虏用刑不能说是正当的吧。日本人这样杀害我们的同胞，恐怕是难以计数的！"

大野的如意算盘又一次失败了，他异常沮丧，感到对这个女人用刑并没有什么效果。于是他换了种方法，审问赵一曼周围的人。他把当时珠河县拘押着的20多个人陆续提出来审问。从早到晚，增加了四五名警士和翻译，不择手段地对这些人用刑，但没有一个人说出赵一曼的情况。最后，大野无奈地对翻译感慨，赵一曼的工作做得可真彻底，竟然没有一个人说出真实情况。他不相信这些人都是硬骨头，从这20多个人里，他又找出一个他认为是个胆小鬼的 30 多岁的矮个子男人，对他再次用刑，往鼻子嘴巴里灌凉水，反复折磨。在重刑下，这个人提供了赵一曼的一些情况，说她是个抗日工作人员，经常从这个村子到那个村子，在村子里召集群众开会讲话，宣传抗日思想，指导群众进行斗争。还说她经常独来独往，走路飞快。她一来，村子里的人就立刻集合听她讲话，然后按照她的讲话行动。重刑之下，这个人还招出在押的人员中了解赵一曼的另一个人。大野又对这个人再次用刑，这个人起初说不知道，经过几次酷刑折磨，这个人才说出自己曾看到赵一曼参加过赵尚志在村子里召开的一次会议，给他的印象是赵一曼的地位和赵尚志差不多，当其他团长的意见与赵一曼意见不一时，大家就服从赵一曼的意见。大野还嫌这些信息不够，威胁要对他再次用刑，这个人又说出赵一曼是县委的领导，掌握领导的权力。

费了九牛二虎之力，大野从对这 20 多个人的刑讯中，也没有得到多少可靠的消息，对赵一曼的真实身份、组织情况，他并没有搞清楚。只能模糊地得出一个结论：赵一曼是一个以珠河为中心，把3万多农民坚固地组织起来的中心指导人。

到了第三天，哈尔滨日本宪兵队听说珠河抓到了一个了不起的女人，他们也想着从中了解点消息，立功受赏。于是派了两个宪兵到珠河审问赵一曼。赵一曼只是用愤怒的眼神瞪着他们，宪兵什么也没有得到。

赵一曼被捕后，在身负重伤的情况下在珠河连续遭受了3天的野蛮审讯。她坚贞不屈，未吐露分毫党和抗日军队的秘密，还痛斥日本侵略者的罪行。大野感到这样的审问再继续下去也没有什么效果，但他又不甘心失败。大野断定，赵一曼是一个了不起的人，从她的谈吐，感觉到她受过良好的教育；从她坚决的态度，断定她是在共产党内占有重要地位的人。对于这样强硬的对手，不是简单的审讯就可以的，而赵一曼的伤势很重，如果很快死掉，他们就无法立功受奖了。于是，敌人为迫其投降，决定将她送往哈尔滨治伤。

当大野向赵一曼说明要送她去哈尔滨的事时，赵一曼表示，到哈尔滨，她也不会改变态度。她再次向大野要求，一定要把杨桂兰释放，不能让她随着去哈尔滨，她什么都不知道。在赵一曼顽强的态度下，大野只好答应把杨桂兰放回家。赵一曼这才坐上了到哈尔滨的火车。

到哈尔滨后，赵一曼被关押在哈尔滨伪滨江省警务厅地下室的看守所里。大野把为赵一曼治疗的事交给曾留学日本的医生、警务厅卫生科长王亚良。但因赵一曼伤势太重，有生命危险，王亚良感到为难，于是请了一个白俄大夫来看。医生们认为，必须进行手术，锯掉那条伤腿才能保住生命。但赵一曼坚决反对锯腿，提出宁肯被杀也不锯腿。于是，他们便把赵一曼送到哈尔滨市立医院去监视治疗。

在市立医院照片子后，发现赵一曼的大腿骨碎了，24 块碎骨散乱在肉里。为赵一曼治伤的主治医生是有爱国思想的中国人张柏岩，他虽然不清楚赵一曼的身份，但他明白赵一曼是抗日人员，对她发自内心地敬佩。他知道赵一曼坚决反对锯腿，所以尽量保住她的腿。因而，当大野询问诊断结果时，张医生说：“若是把大腿锯掉，治疗的时间会短些。若是不锯掉，身体不发烧，顺利地度过去，也许会僵化的，僵化之后，只不过腿会略微短一些。”对于大野来说，他曾想到，赵一曼不同意锯腿，是为了有一天可以逃走。但因赵一曼坚决拒绝，而且医生也说可以保守治疗，他也只能同意了。

赵一曼在医院治伤的两个月中，起初，她利用一切机会揭露日寇侵略的罪恶，每当日本特务机关来人“看望”，她总是横眉怒目，气冲冲地高声怒骂他们，直到他们退走才住口。后来赵一曼慢慢变得沉默寡言，即使对日本特务机关的人，她除了指责日本帝国主义侵略外，也不再高声怒骂了。赵一曼的变化使人们觉得她特别和蔼可亲。这也给日本人造成了很大的错觉，仿佛赵一曼可以被软化和利用，于是逐步放松了对她的监视和防范。这正是赵一曼所期望的。

赵一曼治伤期间，大野还妄想着能得到些有用的消息，他经常过来继续审问。有一天，大野假装关心地问赵一曼：“伤治好以后，你打算怎样呢？”赵一曼说：“反正你们不能放我，如果我的伤治好了，我愿意做负伤的警察队员的看护妇。”大野听了，狡猾地说：“你这是说胡话，若是叫你当看护妇，警察队会全部叛变的。”从日本侵略者口中说出的这句话，明白显示了赵一曼超强的工作能力，以及敌人对赵一曼发自内心的恐惧。

事实正是这样的，赵一曼在市立医院治伤期间，确实把负责监视她的警察和照顾她的护士发展过来，两个人帮助她逃了出去。

原来，经过张柏岩医生的细心治疗，赵一曼的伤在很快好转。敌人为了便于审讯，把她转到单人病房。赵一曼伤势好转，她的心情更加沉重了。她清楚地知道敌人想尽办法为她治伤的目的，她又要面临更残酷的审讯。她下定决心，一息尚存，就要抗日。这一点，在伪滨江省公署警务厅给伪满洲国政府民政部警务司的一份报告中也得到了证实，报告中这样写道：“赵一曼在其经过治疗日见好转的时候，她的脑子里时时刻刻想着的事情，就是在退院后被处刑的问题，认为总难免于死刑或是无期徒刑，那么，她一生所希望的打倒日本帝国主义，毁灭满洲国的事情，将永久难以实现。所在要在退院以前，排除万难而脱逃，再投到赵尚志的麾下去作一个抗日战线的斗士。她日日夜夜地苦心于寻求这一机会。”

赵一曼确实一直在寻找机会逃走。首先必须过看守这一关。赵一曼观察到，负责监视她的3个看守中，有一个叫董宪勋的，是可以争取的对象。通过和他拉家常，赵一曼了解到，董宪勋出生于山东肥城一个贫苦农民家庭，因生活所迫，闯关东寻出路。为了糊口，不得已才当了警察。赵一曼不方便与董宪勋说太多话，就把她在九一八事变爆发之后所见所闻的日本军队的暴虐状况，成立伪满洲国的肮脏目的，以及中国人被虐待的惨状，用通俗易懂的语言，写在药方纸上或其他的纸上，以此来提高董宪勋的觉悟。从内心里，董宪勋对日本的侵略是不满的，他对赵一曼身受重伤还这样坚强非常敬佩。赵一曼和他进一步交谈，激发他的爱国心，激发他作为一个中国人应有的良心，向他表明自己是珠河的抗日工作者，讲述领导东北群众进行抗日斗争的情况。

仅用20多天的时间，赵一曼成功地提高了董宪勋的觉悟，坚定了他的抗日决心，他表示愿意跟赵一曼参加反满抗日的斗争。对于这一点，后来敌人连连表示佩服，他们惊叹地说："她笼络诱惑手段的巧妙以及这样容易地就能获得警察官，这对于我们是有很多的启示的地方的。"

争取了董宪勋，还不具备逃走的条件，还得有一个可靠的有治疗经验的女护士帮助才行。负责看护的护士中，有一个新来的叫韩勇义的小姑娘，只有17岁，善良活泼，两岁时母亲就去世了，常受继母虐待，14岁时父亲也去世了，随着继母迁到呼兰县，在舅舅帮助下，进入县立女子中学读书。可惜由于家中生活困难，只念了两年书就辍学了。后来和一个姓孙的青年订婚，但不幸的是未婚夫暴病身亡。一系列的变故让她的心情极为失落，便进入这家医院当了见习护士，专干脏活累活，却没有薪金。赵一曼对她的身世极为同情，也将自己离别丈夫和孩子的身世讲给她听。在赵一曼的教导下，韩勇义明白了自己受苦的根源，也懂得了许多革命道理。

在赵一曼的精心培养下，董宪勋和韩勇义两人都被争取了过来。他们表示，愿意听赵一曼的话，愿意为抗日救国贡献自己的力量。

敌人给赵一曼治伤的目的是得到更多的信息。他们看到赵一曼伤势好转，便又开始了严酷的审讯，不断地毒打她，折磨她。赵一曼仍然没有低头。她的坚强不屈的精神深深地教育着负责看护她的董宪勋和韩勇义，他们更加关心和爱护她，决心帮助她早日逃走。

经过周密的研究和准备，6 月 28 日夜里，这是一个星期天，其他警察不少都休息了，韩勇义和董宪勋把赵一曼背出医院后门，坐上雇来的汽车，开到郊区文庙附近。下了车，赵一曼又坐上了事先等在这里的小轿子，于第二天早晨来到阿城县境内金家窝棚董宪勋的叔叔董元策家里。经董元策帮助，当夜他们又坐上该村群众魏玉恒的马车，奔往山区寻找游击队。

6 月 29 日早晨，敌人发现赵一曼逃走，立即撒开人马四处搜查。他们知道赵一曼腿伤未愈，不能步行，一定会坐车。于是对全城的汽车、马车加紧盘查，找到了送过赵一曼的白俄司机。按照这个白俄司机的供述，特务们又调查了道外轿铺的轿夫，查清了赵一曼逃跑的方向。6月30日早晨，赵一曼等乘坐的马车来到离游击区只有20多里的地方，不幸被敌人追上了。

刚离虎口的赵一曼，又落入了敌人的魔掌。

# 14 血沃中华

再次落入敌人之手的赵一曼，被带回哈尔滨，关进哈市伪警察厅的拘留所里。警察厅刑事科的日本大特务、特高股长林宽重亲自出马审讯赵一曼。凶手们使用了各种酷刑，用铁条刺她的伤口，往她的嘴里灌汽油和辣椒水，还用了最野蛮的电刑。但这些，都不能摧垮赵一曼坚强的意志。受赵一曼教育的董宪勋和韩勇义，被捕后也都表现得非常坚强。董宪勋受刑过重死于狱中。韩勇义在被酷刑审讯期间也表现出强烈的爱国精神，后被判刑4个月。

敌人又对赵一曼进行了一个多月的野蛮审讯，什么也没有得到。日本特务机关无计可施，决定把赵一曼杀掉。

伪滨江省警务厅决定把赵一曼送回她战斗过

的珠河县处死“示众”。8月2日凌晨，赵一曼被押上去珠河的火车。她知道自己最后的时刻到了，不禁思绪万千。她不禁想起远在四川家乡的姐姐、弟弟，远在异国苏联的丈夫，寄养在亲戚家的儿子，还有并肩战斗过的战友们。不知道他们现在是什么情况。她坚信，无论多么艰难，革命一定会胜利的。此时此刻，她最遗憾的，是不能再见到自己的儿子了。虽然不能亲自抚养孩子，但她一定要让孩子知道，她的母亲是一个怎样的人，让他知道母亲悲壮的一生，从母亲的经历中受到鼓励，更好地成长。于是，她向负责押送的伪滨江省警务厅特务科人员要了纸笔，在火车上，给儿子宁儿写下了遗书。

宁儿：

母亲对于你没有能尽到教育的责任，实在是遗憾的事情。

母亲因为坚决地做了反满抗日的斗争，今天已经到了牺牲的前夕了。

母亲和你在生前是永久没有再见的机会了。

希望你，宁儿啊！赶快成人，来安慰你地下的母亲！我最亲爱的孩子啊！母亲不用千言万语来教育你，就用实行来教育你。

在你长大成人之后，希望不要忘记你的母亲是为国而牺牲的！

一九三六年八月二日

你的母亲赵一曼于车中

她写到这里，心中更加痛楚，更加想念自己那可怜的宁儿。于是她又写下一段文字。

亲爱的我可怜的孩子！

母亲的死不足惜，可怜的是我的孩子，没有能给我养育的人。母亲死后，我的孩子要替代母亲继续斗争，自己壮大成人，来安慰九泉之下的母亲！我的孩子，亲爱的可怜的我的孩子啊！

母亲也没有可说的话了，我的孩子自己好好学习，就是母亲最后的一线希望。

一九三六年八月二日

在临死前的你的母亲

在英勇就义前的短暂时刻里，这位英雄的母亲，把对孩子的牵挂、愧疚以及期望，都凝结在这些深情而又朴实的文字中。这两封遗书，是赵一曼用生命写就的。从这些文字里，我们看不到死亡前的恐惧，看不到丝毫的畏缩。它凝结着烈士的鲜血和生命，聚集着烈士的壮志和豪情。此时此刻，这位曾经红枪白马、令敌人胆寒的抗日女战士，只是一个平凡的母亲，她和世上千千万万的母亲一样，深情牵挂着自己的孩子。离别之际，她多么想见孩子最后一面，多么想多写一些话语，将多年母子情深倾诉，然而这一切终究不可能了。对于这一切，赵一曼没有丝毫的后悔，她用自己的坚毅勇敢鼓励孩子继续母亲未完成的事业，用自己的壮烈牺牲留给孩子最后一次身教！

母亲不用千言万语来教育你，就用实行来教育你。这朴实无华的语言，没有丝毫浮夸的言辞，这是烈士理想、情操、爱憎的结晶，是革命者诺言付诸实践的见证，是人生大海里没有价值可以兑换的珍珠，是革命后代万古不朽的珍贵教材。遗书中的一字一句，都像一颗颗跳动的红心，都像一面面火红的战旗，激励着后代，不忘初心，牢记使命，奋勇前行。

这两封遗书，浸透着英雄为国家、为民族、为人民甘愿献出一切的共产主义精神和大无畏革命气概，表达了一个坚贞不屈的母亲对自己孩子寄予的无限希望，也是赵一曼革命精神的最高升华。

火车到了珠河县，车站上布满了武装军警。赵一曼下了火车，敌人又让她坐到一辆马车上“游街”，妄图以此来威胁广大爱国群众。为了鼓舞群众的斗志，赵一曼把这当作最后的宣传阵地，她唱起最爱唱的《红旗歌》：

民众的旗，血红的旗，收殓着战士的尸体。

尸体还没有僵硬，鲜血已染红了旗帜……

高高举起呀！血红旗帜，誓不战胜，终不放手……

牢狱和断头台来就来你的，这就是我们的告别歌……

警察用枪托打她，不许她唱。赵一曼没有理

睬他们，唱得更加高昂悲壮。

马路两边的群众，无不低声饮泣。他们愤怒，愤怒于在中国的土地上，中国人竟然遭到日本人的枪杀。他们流下了眼泪，心中燃烧起对敌人仇恨的怒火。

来到刑场，赵一曼甩开试图架着她的特务，艰难地移动着步子，迎着灿烂的阳光，她举起手臂，全力高呼："打倒日本帝国主义！""中国共产党万岁！"

随着一阵杂乱的枪声，抗日民族女英雄、党的忠诚女儿赵一曼倒下了。她热血洒地、壮志烛天，以她 31 岁的人生历程，为子孙后代照亮了继续前进的征途。

# 15 四海犹歌

赵一曼牺牲时，只有 31 岁。她短暂的一生经历了我国大革命、土地革命和抗日战争的战斗洗礼，她以无私无畏的献身精神写下了不朽的篇章，她的人生，永远绚丽璀璨，永远焕发着革命者的光彩。

令人感慨的是，赵一曼牺牲后很长一段时间，人们都不知道她的身世，不知道她的真名。赵一曼的丈夫陈达邦和 2 岁就被送到湖南老家的宁儿，一直在寻找妻子、妈妈的下落。1942 年，陈达邦从苏联回到祖国。此时，抗日战争正处于最艰苦的时候。当他辗转回到老家长沙时，才从一直在抚养宁儿的堂兄陈岳云那里得知，日夜思念的妻子去了东北参加抗日，有可能已经被日本人杀害了。

赵一曼的家乡四川宜宾的亲人们，对她离开

家乡后的情况也并不清楚。自 1926 年 10 月赵一曼离开家乡四川到武汉中央军事政治学校学习，投身大革命的洪流，一直到她为革命而献身，除中间给二姐写过几次信外，她的家里人一直没有见过她，也没有她的更多消息。在这段时间中，一直和她要好的二姐李坤杰曾多方打听这个小妹的下落，可是一直没有结果。新中国成立之后，在中共中央机关工作的任弼时的夫人陈琮英了解到赵一曼的家乡亲人正在查找她的消息，于是联系到李坤杰，并把赵一曼和儿子的照片寄给了李坤杰。这样，李坤杰才了解到妹妹有一个儿子在湖南，于是，她开始与妹妹的丈夫家联系，询问宁儿的情况。两个家庭终于有了联络。

怀念赵一曼的不仅有她的丈夫、儿子、姐姐等亲人，还有新生的中华人民共和国。1950 年，为了纪念抗日女英雄赵一曼，长春电影制片厂拍摄了电影《赵一曼》。影片在全国上映后，立即引起巨大反响。东北烈士纪念馆专门收集了赵一曼的有关资料，向后人讲述英雄的事迹。陈达邦父子也看了电影，但他们此时还未想到，电影的主人公赵一曼就是他们要找的人。

1954 年 5 月，李坤杰通过同事，辗转联系到了曾在抗战时期任满洲省委组织部部长的何成湘，通过何成湘，确认了在东北进行抗日斗争牺牲的赵一曼就是小妹李淑宁。又通过东北烈士纪念馆进一步确定了这个事实。就这样，英雄牺牲 18 年后，她的家人终于找到了日思夜想的亲人。

李坤杰在确定了赵一曼就是自己要找的小妹之后，赶紧把这个消息告知了陈达邦。得知这个消息，父子俩都十分震惊，原来电影中的英雄竟是自己苦苦寻找的亲人。随后，陈达邦让宁儿去东北了解赵一曼参加抗战的情况。在东北烈士纪念馆，宁儿第一次见到了母亲留给自己的遗书。这个从小就不在母亲身边，缺少母亲疼爱的孩子，从来没有想到，母亲对自己的爱这么深沉。那一刻，他真正理解了自己的伟大的母亲。母亲之所以视死如归，义无反顾，是下定了为千百万在日寇铁蹄践踏下啼饥号寒的老百姓而奋斗的决心。在生死的考验面前，自己的母亲——女英雄赵一曼表现出最忠贞的气节，最丰富的感情，最高尚的情操。烈士的浩然正气横贯于九天河汉，彪炳于万里江山。母亲的遗书，是字字千钧的；母亲的牺牲，是比泰山还重的。

赵一曼是为中华民族解放和共产主义而献身的，对于烈士的贡献，新生的中华人民共和国一直记着。她的光辉事迹被拍成电影广泛流传。在东北，革命烈士纪念馆内，陈列着她用过的大碗，展示着她英勇战斗的事迹。在她的家乡宜宾，1960年建起她的纪念馆。纪念馆内存放着朱德、陈毅、聂荣臻、郭沫若、董必武、宋庆龄等党和国家领导人以及知名人士为赵一曼的题词。1986 年 8 月 2 日，赵一曼牺牲 50 周年之际，赵一曼烈士的汉白玉雕像在家乡宜宾落成。时任中共中央政治局常委、中央纪律委员会第一书记的陈云同志，亲笔为塑像落成题词：“抗日英雄赵一曼革命精神不死！”2009 年，赵一曼被列入“100 位为新中国成立作出突出贡献的英雄模范人物”。

赵一曼是我们的民族英雄。今天，以赵一曼的名字命名的地方有很多，她出生的村庄改名为一曼村，哈尔滨人民把她战斗过的一条主要街道改名为一曼大街。在四川和东北的纪念馆里，每天都有全国各地的群众前来参观。赵一曼烈士的英名将永远记在共和国的历史上；她自强不息的奋斗精神和高尚的爱国主义情怀，始终焕发着超越时空的精神力量，激励着后人勇做新时代的见证人、担当者、实干家；她崇高的民族气节，对共产主义事业忠贞不渝的革命精神，始终鞭策激励着后人不忘初心，矢志不渝，永远前进。

**图书在版编目（CIP）数据**

赵一曼 / 张树军主编；徐玉凤编著. --北京：学习出版社，2019.5（2021.5 重印）

（中华先烈人物故事汇）

ISBN 978-7-5147-0918-6

Ⅰ.①赵… Ⅱ.①张… ②徐… Ⅲ.①赵一曼（1905-1936）—传记 Ⅳ.①K825.2

中国版本图书馆CIP数据核字（2019）第091151号

# 赵一曼

Zhào Yīmàn

主编/张树军　副主编/王相坤　编著/徐玉凤

---

责任编辑：李　琳　　封面绘画：邵家声

技术编辑：刘　硕　　内文插图：奚文渊

美术编辑：杨　洪　　组织绘图：上海志愿文化公司

---

出版发行：学习出版社

北京市东城区崇外大街11号新成文化大厦B座11层（100062）

010-66063020　010-66061634　010-66061646

网　　址：http://www.xuexiph.cn

经　　销：新华书店

印　　刷：北京盛通印刷股份有限公司

---

开　　本：787毫米×1092毫米　1/32

印　　张：4.875

字　　数：69千字

版次印次：2019年5月第1版　2021年5月第13次印刷

---

书　　号：ISBN 978-7-5147-0918-6

定　　价：19.00元

---

如有印装错误请与本社联系调换，电话：010-67081356